BERKLEE STYLE ROCK
GUITAR
버클리 스타일 록기타 반주법

조혜진 편저

1

머리말

우연히 접한 음악 속에서 기타 소리가 유독 제 귀에 들어왔습니다. 그렇게 기타를 배우고 음악을 공부한 지 벌써 몇 해가 지났을까요? 아직도 음악의 세계는 어렵습니다. 여러 음대를 다니며 배운 다양한 연습법과 경험을 조금이나마 공유하고 싶어 그 일부를 책으로 정리해 보았습니다. 이 책이 당신의 음악 생활과 기타 실력 향상에 도움이 되기를 바랍니다.

2024년 겨울, 조혜진

〈음원 QR 활용 방법〉

1. 책 왼쪽 하단면의 QR 코드를 휴대폰으로 카메라 프레임 안에 맞춘다.

링크 클릭 ——

2. QR 코드를 카메라로 맞추면 나오는 링크를 눌러 구글 드라이브에 접속한다.

다운로드 받을
음원 선택 ——

음원 다운로드 ——

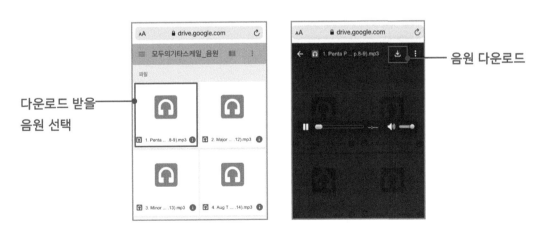

3. 구글 드라이브에 있는 음원 파일을 다운로드 받아 연습에 활용한다.

Contents

레슨 1일 차

1-1 파워코드(Power Chords)

일반적으로 **파워 코드**를 잡는 방법은 검지와 약지, 또는 검지, 중지, 약지를 이용하는 것이다. 이후 피크를 이용하여 다른 줄들은 건드리지 않고 왼손이 누른 줄들을 동시에 쳐 보자. 아래 여러 폼의 C 파워 코드들을 하나씩 쳐 보자. 4번 줄이 근음 (bass note)인 파워 코드는 한 손가락으로 눌러 연주가 가능하니 참고하자.

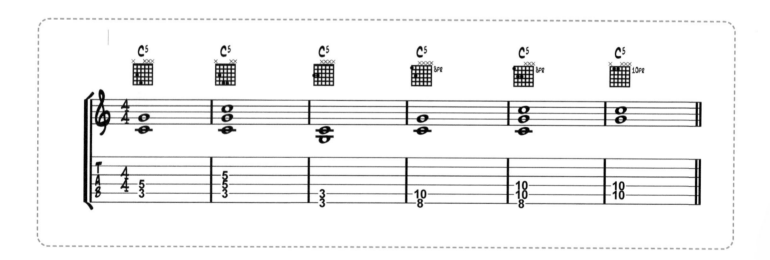

1-2 슬라이딩 코드(Sliding Chords)

가끔 피킹(picking)을 하지 않고 파워 코드를 쳐야 할 때도 있다. 다음 예제를 보면 C5를 치고 난 후 손가락을 반음 슬라이딩을 이용하여 Db5로 이동한다. 이때 피킹을 따로 하지 않으며, 누르고 있는 줄에 손의 압력을 빼지 않고 왼손 손가락의 힘만으로 반음을 올려 이동 후 다시 원래 자리인 C5 코드로 돌아오는 게 중요하다. 결국 처음에 C5 코드를 칠 때만 한 번 피킹하고 이후엔 왼손 슬라이딩(sliding)을 이용하여 연주하면 된다. 반음 슬라이딩이 잘된다면 한 음 슬라이딩도 음이 끊기지 않고 연주되도록 연습해 보자.

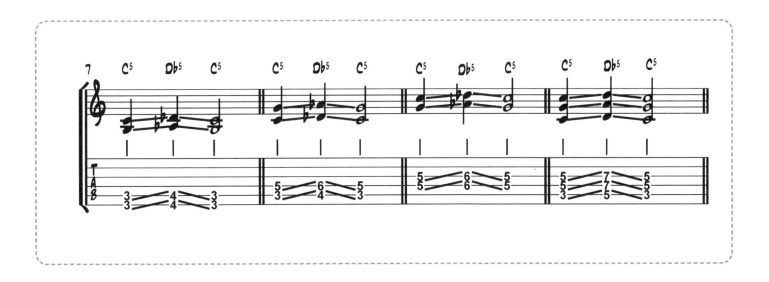

1-3 쉼표(Rests)

쉼표란, 간단히 말해 정적, 무음의 순간이다. 기타에서는 그냥 안 친다고 소리가 뮤트(mute) 되는 게 아니라서 악보에서 쉼표를 본다면 의식적으로 줄의 울림을 멈추어야 한다. 더 안정적인 방법은 두 손을 이용하는 것이다. 왼손으로 줄을 누르는 압력을 느슨하게 하되, 손가락을 줄에서 완전히 떼지 말고 살짝 줄에 닿게 하여 줄의 울림을 제어하는 방법이다. 또는 피킹 하는 오른손의 손바닥 전체나 일부를 이용하여 뮤트를 하면 되는데, 양 손을 동시에 이용한다면 더 확실하게 쉼표에 아무 소리를 내지 않고 확실한 뮤트를 할 수 있겠다.

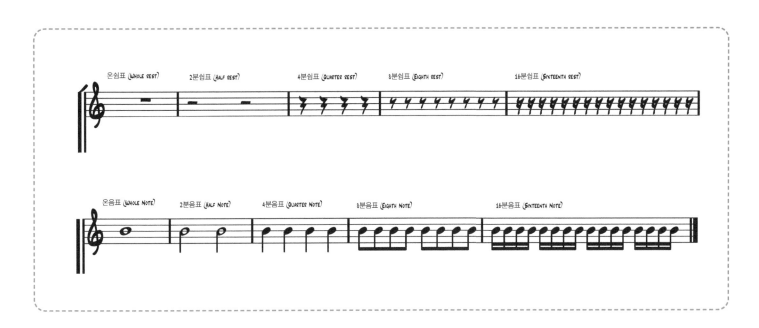

위 악보 첫째 줄의 온쉼표(whole rest), 2분쉼표(half rest), 4분쉼표(quarter rest). 8분쉼표(eighth rest), 16분쉼표(sixteenth rest)의 역할은 쓰인 음의 길이만큼 소리를 내지 않는 것이다. 이 쉼표들이 익숙하지 않다고 해서 너무 걱정하지 말자. 지금은 그냥 악보에서 이 쉼표들을 본다면 쉬어야 한다는 점만 기억하고 넘어가도 된다.

예제 곡 연습(One Vision-Queen)

다음 곡 연주에 앞서 위에서 다룬 내용들을 어느 정도 숙지했고 악보에 표기된 기본 리듬을 보고 이해할 수 있다면 다음 곡을 연주할 준비는 되었다. 만약 그렇지 못하더라도 너무 걱정하지 말자. 타브(tab) 악보를 보고 차근차근 따라가면 그리 어렵지 않게 연주할 수 있을 것이다. 다만 리듬은 그리 쉽지 않기에 곡을 찾아 듣고 같이 연주해 보기를 권장한다. 연주할 눈으로는 타브 악보를 보고, 리듬은 귀로 들으며 따라 연주해 보자.

ONE VISION
QUEEN

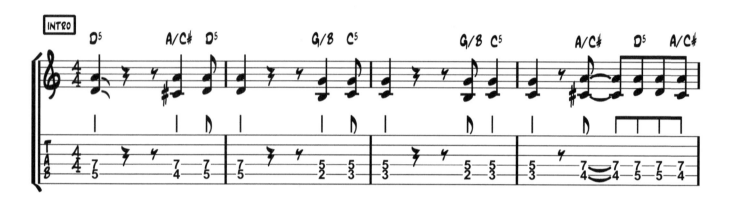

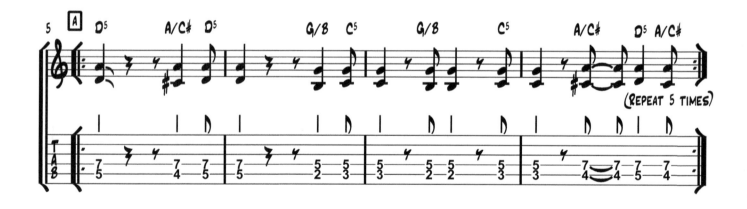

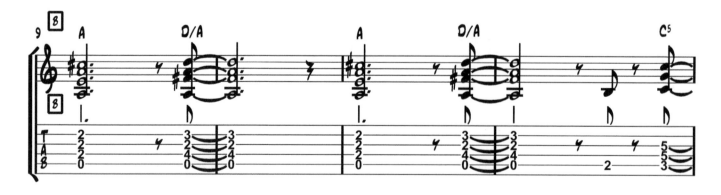

보충 설명(Additionals)

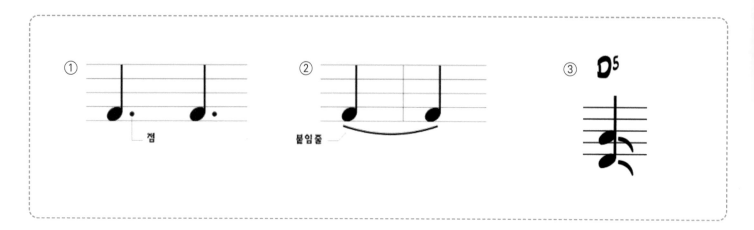

① 점 : 4분음표 옆에 점이 찍혀 있는 것을 "점 4분음표"라고 한다. 점을 찍으면 4분음표의 반쪽인 8분음표가 추가되어 4분음표 + 8분음표만큼의 길이를 가지게 된다.
마찬가지로 점 2분음표는 2분음표와 4분음표가 더해진 길이가 되며, 점 8분음표는 8분음표와 16분음표를 합한 만큼의 길이가 되겠다.

② 붙임줄 : 두 음표를 끊지 말고 이어서 연주하라는 뜻이다. 타이(tie)라고도 불리며 두 음이 같은 음계일 때만 쓸 수 있다. 4분음표 와 4분음표 사이에 붙임줄이 있다면 총 음의 길이는 2분음표 만큼이 되며, 8분음표와 8분음표를 붙임줄로 이으면 총 4분음표 만큼의 길이가 된다. 붙임줄은 한 마디를 넘어 다음 마디까지 음의 길이를 늘려 표현하고자 할 때 사용하며 이는 당김음(syncopation)을 만들어 내기도 한다. 물론 한 마디 안에서도 필요에 따라 사용 가능하며 붙임줄로 이어진 음들은 한 음처럼 연주된다. 즉, 첫 음만 치고 뒤에 붙은 음은 치지 않는다.

③ 드래그 다운 : 노트를 연주하고 빠른 슬라이딩을 하여 자연스레 음의 소리를 소멸시키는 테크닉이다. 이름 그대로 연주된 코드를 끌어내리듯 기타 헤드(head) 방향으로 음들이 끊기지 않게 슬라이딩하듯 가지고 내려오면 된다.

 레슨 2일 차

2-1 단음 리프 연주(Single Note Riffs)

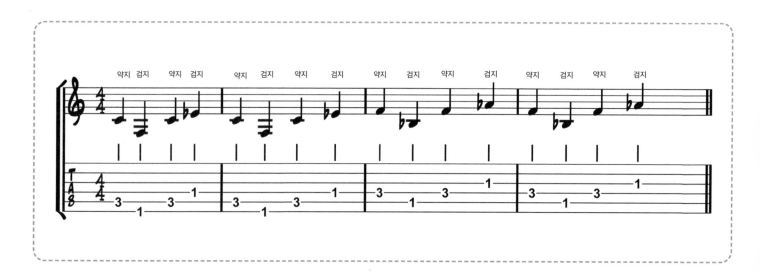

단음 리프를 연주할 때 주의해야 할 점은 연주하는 줄 이외에 주변 줄들을 울리지 않게 하는 것이다. 왼손으로 줄을 누르지 않고 줄에 살짝 댄 상태에서 연주해 보면 소리가 나지 않는다는 것을 알 수 있을 것이다. 이것을 이용하여 예를 들면, 5번 줄의 C 음을 연주하고자 할 때 손가락 끝으로 C 음을 누르고, 누른 손가락의 아랫부분을 이용하여 4번 줄에도 살짝 닿도록 하자. 이렇게 하면 5번 줄의 음이 연주되는 동시에 연주 중 4번 줄을 건드려 불필요하게 울리는 실수를 미연에 방지할 수 있으며 동시에 5번 줄을 누를 때 여유가 된다면 6번 줄에도 손가락이 살짝 닿게 하여 연주한다면 4번 줄과 6번 줄에 잡음 없이 깔끔한 5번 줄 C 노트 연주가 가능해진다.

이 작은 디테일이 싱글 노트를 연주하는 데 있어 결과적으로 여러 잡음을 줄여 주고 깔끔한 연주에 많은 도움이 될 것이니 천천히 연습해 보기를 바란다.

2-2 롤링 주법으로 줄 바꾸기 연습(Rolling String Changes)

연주를 하다 보면 같은 프렛에 줄이 다른 두 음이 위치해 있는 경우, 한 손가락을 롤링(rolling) 즉, 굴리듯이 두 음을 차례대로 눌러 연주해 보자. 예를 들어, 누르는 손가락이 검지라면 검지 끝부분으로 5번 줄을 눌러 연주 시 앞서 말한 바와 같은 방법으로 4번 줄에 살짝 닿게 하여 뮤트를 하며 연주 후 바로 이어서 뮤팅한 4번 줄로 구르듯 넘어가면서 연주한다면 빠르게 줄 전환이 가능할 뿐만 아니라 불필요한 손가락의 움직임도 최소화할 수 있기에 꼭 연습해야 하는 기술이다.

2-3 해머 온, 풀 오프 주법(Hammers-ons and Pull-offs)

해머 온 주법은 기타 주법 중 매우 중요한 주법 중 하나로 오른손으로 피킹을 하지 않고 왼손만을 이용해 마치 망치로 줄을 때리듯이 쳐서 소리를 내는 주법이다.

풀 오프 주법 또한 중요한 주법으로 오른손으로 피킹을 하지 않고 왼손만을 이용해 줄을 뜯어 내듯이 잡아당겨서 소리를 내는 주법이다.

두 주법 모두 볼륨 레벨이 일정하고 비슷한 수준으로 연주되어야 하며 항상 메트로놈을 이용하여 일정한 템포를 유지하며 연습해야 한다. 이 연습은 시간에 제한을 두지 말고 반복하면서 왼손 손가락이 뻐근함을 느낄 때까지 하고 잠시 쉬었다가 다시 반복한다. 연주하는 줄 이외에 다른 줄을 건드려 잡음이 들리지 않게 뮤트하는 연습도 병행해야 한다.

예제 곡 연습(You Give Love a Bad Name - Bon Jovi)

이번 예제는 그동안 배운 내용 중 일부를 이용하여 연주할 수 있는 곡이다. 파워 코드를 이용한 기타 리프 이후 단음 리프도 나와서 코드와 단음을 같이 연습하기에 좋은 곡이다. 음악을 듣고 따라 쳐 보자.

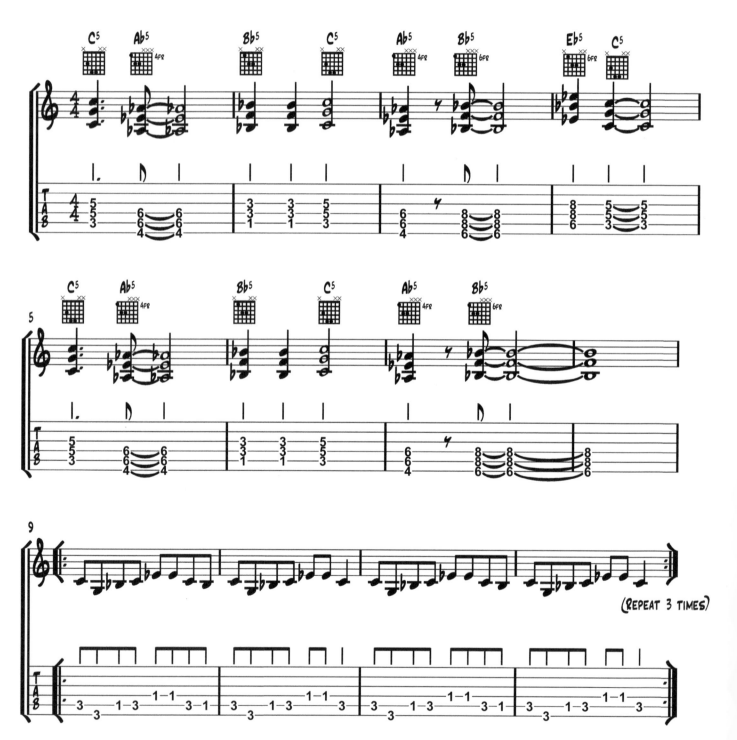

원, 투, 쓰리, 포.....

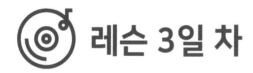 레슨 3일 차

3-1 지판(Fretboard)

파워 코드를 더 자유롭게 연주하기 위해선 **지판** 위에서 음의 위치를 빨리 찾아낼 수 있어야 한다. 이를 위해 먼저 5번 줄과 6번 줄의 음계를 외워야 한다. 아래 예제를 보자.

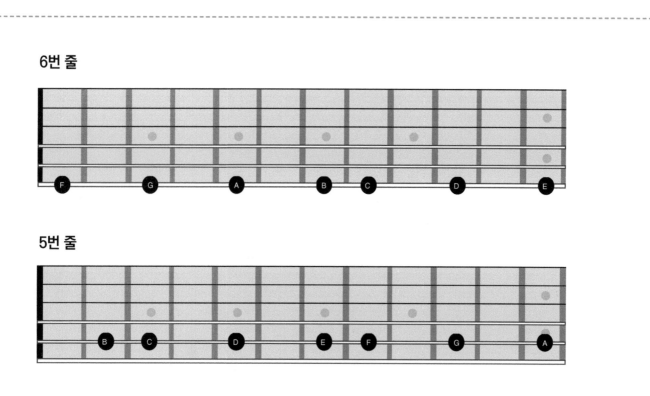

코드 이름이 "C, Em, G7"과 같이 쓰여 있는 악보를 본 적이 있을 것이다. 이런 코드 이름은 근음을 기준으로 쓰며 **근음**이란, 코드의 가장 낮은 음을 가리킨다. 6번 줄의 개방현이 E이고 프렛 한 칸에 반음이므로 첫 번째 프렛은 F, 3번째 프렛은 G가 된다. 그림을 안 보고도 생각나는 음을 찾아 연주할 수 있을 때까지 연습한 후, 5번 줄도 같은 방법으로 연습하면 된다. 이때 계이름(도레미파...)이 아니라 음이름 알파벳으로 외우도록 하자.

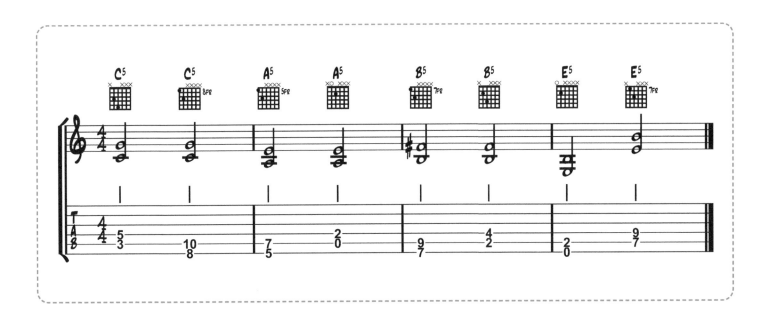

위 예제처럼 C5 코드는 5번 줄, 6번 줄 각각에 위치해 있는 C 근음을 기준으로 연주 가능하며 다른 코드들도 이와 같이 연습해 볼 수 있다. 5번 줄, 6번 줄의 음을 충분히 외운 후에 임의의 근음을 자유롭게 떠올려 보고 그에 맞는 파워 코드를 찾아 연주해 보자. 어렵지 않게 연주할 수 있다면 밑의 예제로 넘어가 보자.

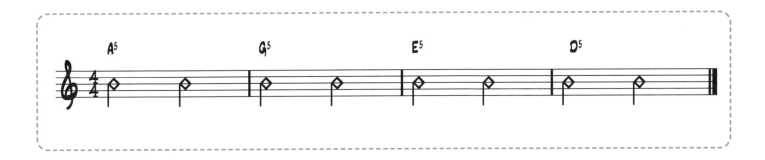

한 마디에 2분 음표로 이루어져 있으니 메트로놈 두 비트에 한 번씩 연주하면 된다. 메트로놈의 템포를 조금씩 올려 가며 박자에 정확히 맞춰 연습해 보자. 연습이 충분히 되었다면 이제 다음 예제를 보자.

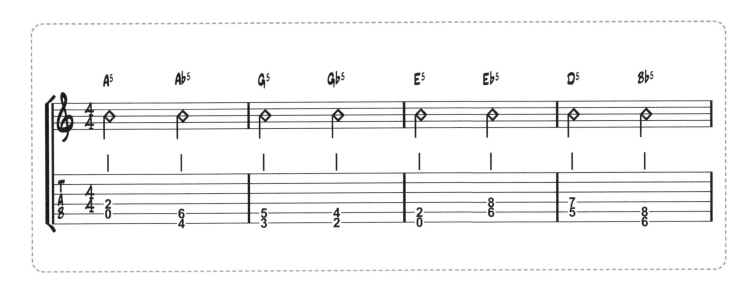

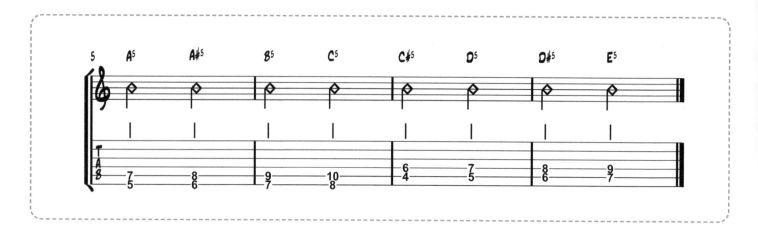

위 예제는 난이도가 조금 높아져 근음에 ♭이나 #이 붙어 있다. ♭은 반음 아래로 내릴 때 사용하는 기호이며, #이 반음 위로 올릴 때 사용하는 기호다. 즉 A♭은 A 음에서 반음 아래인 음을 말하며 C#은 C 음에서 반음 위에 있는 음을 나타내는 것이다. 위 악보 연주 시 코드 이름과 리듬만 보고 칠 수 있도록 연습해 보기를 바라며, 그 아래 타브 악보는 여러 포지션 가능성 중 하나의 예제이다. 다른 포지션으로도 연주해 보기를 바란다.

3-2 예제 곡 연습

EXAMPLE #1

3-3 보충 설명(Additionals)

시밀레(✄)는 앞 마디와 똑같이 반복하도록 지시하는 기호이다.

레슨 4일 차

4-1　슬라이딩 주법(Sliding)

슬라이딩 주법은 왼손 테크닉 중 하나로 낮은 음에서 높은 음, 또는 높은 음에서 낮은 음으로 손을 미끄러지듯 움직여 음을 표현하는 테크닉이다.

한 프렛에서 다른 프렛으로 줄에서 손을 떼지 않은 채로 움직이기에 슬라이딩 주법으로 불리며 일반적으로 엄지를 기타 넥(neck)의 위쪽이나 뒤에 걸쳐 안전하고 정확하게 움직일 수 있도록 받치고, 검지 또는 다른 손가락을 슬라이딩하며 음을 이동한다. 참고로, 줄을 너무 세게 누르면 슬라이딩 시에 프렛에 손가락이 걸려 음이 깨끗하게 나지 못할 수 있고 또 너무 느슨하게 누르면 소리가 선명하게 들리지 않을 수 있으니 조심하자.

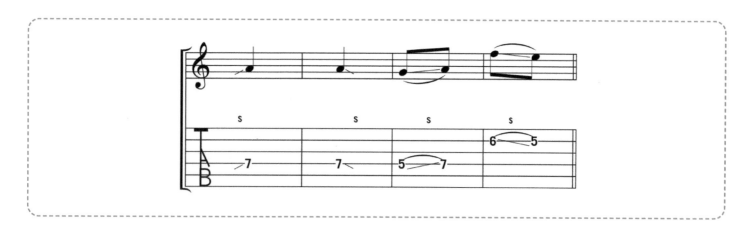

위 예제의 첫 마디를 보자. 슬라이딩 업을 나타내는 기호가 보이지만 그 시작점은 보이지 않는다. 이는 슬라이딩이 끝나는 4번 줄 7번 프렛의 A 음보다 낮은 음에서부터의 슬라이딩을 나타내며, 4번 줄 7번 프렛 이전에 위치한 아무 음에서 시작하면 된다는 뜻이다.

두 번째 마디의 의미는 4번 줄 7번 프렛의 A음으로부터 슬라이딩을 시작하여 불특정하게 아무 음에서 끝마쳐도 되는데 이때 중요한 점은 악보에 쓰여 있는 음의 길이만큼 기타 소리는 내어야 한다는 것이다. 슬라이딩 이동 속도나 음의 길이는 자신이 연주해야 할 음악의 전반적인 템포나 느낌이 무엇인지 생각해 보고 그에 맞게 연주해야 하겠다. 평소 음악을 많이 듣고 다른 연주자들은 어떤 느낌으로 연주하는지 참고하면 좋다.

세 번째와 네 번째 마디는 특정 음에서 특정 음으로의 슬라이딩 표기법이며 쓰여 있는 대로 연습하되 음과 음 사이에 소리가 끊기지 않도록 연주해야 하며, 8분음표로 쓰여 있기에 쓰여진 박자에 맞게 한 음에서 다른 음으로 이동해야 한다.

예제 곡 연습(Iron Man - Ozzy Osbourne)

이번에 연주할 곡은 인트로에서부터 슬라이딩 주법이 사용되며 메인 기타 리프에서도 파워 코드 사이를 슬라이딩으로 이동하는 부분이 많은 곡이다. 다만 일부 리듬이 어려우니 먼저 음악을 찾아 들어 보고 연습해 보기를 바란다.

레슨 5일 차

5-1 리듬(Rhythm)

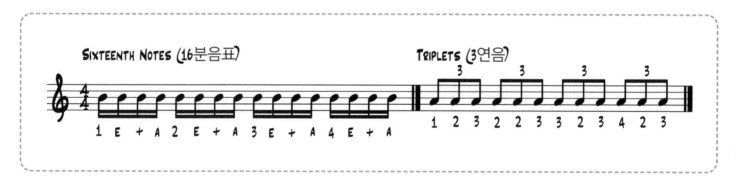

악보 맨 앞의 분수(4/4, 3/4, 6/8 등)는 박자를 나타내며, 분자는 각 마디에 몇 박자가 들어가는지 알려 주고 분모는 리듬 값을 나타낸다. 예를 들어 3/4(4분의 3박자)는 한 마디에 4분음표가 3개 들어간다는 뜻이다. 가장 많이 쓰이는 4/4 는 'C'로 표현하기도 한다.

5-2 다양한 리듬 연습(Practice Rhythm Variation)

8분음표 리듬 카운트 방법

위 예제를 보면 8분 음표 위주로 리듬이 되어 있다는 것을 알 수 있을 것이다. 먼저 ⊓는 다운 스트로크로서 피크로 오른손을 위에서 아래로 내려쳐야 한다는 의미이며, V는 업 스트로크로 불리며 아래에서 위로 올려 쳐야 한다는 의미이다.

이제 메트로놈을 ♩= 60에 맞춰 놓고 클릭 소리가 날 때마다 박수를 같이 쳐 보자. 위 악보에 적힌 숫자들과 메트로놈 소리가 일치되게 카운트해야 하며, 숫자 뒤의 ✚가 나오는 박자에는 '앤드'라고 외쳐 보자. 이때 메트로놈 클릭 사이 일정한 박자에 들어가도록 유의해야 한다. 붙임줄도 간간이 보이는데 연습할 때는 붙임줄이 붙은 뒤쪽 음표는 스트럼하지 않도록 조심하면서 노트 위에 그려진 스트로크 기호에 맞춰 연습하자.

이제 16분음표 리듬 카운트 방법에 대하여 알아보자. 첫 마디만 먼저 보면 1ena, 2ena, 3ena, 4ena라고 쓰여 있다. 이것이 16분음표 비트에 각각 붙인 이름이며 메트로놈에 맞춰 리듬을 소리 내어 읽으며 카운트해 보자.

메트로놈에 맞춰 입으로 카운트하며 리듬을 찾는 것이 잘되면 이제 기타를 들고 쳐 보자. 음표 위에 표기된 다운, 업 스트로크를 해당 박자에 정확히 맞춰 연주할 수 있도록 연습하자.

4번째 마디를 보면 첫 비트는 4분쉼표나 쉼표라 하더라도 오른손을 16분음표 리듬에 맞게 계속 허공에서 다운, 업, 다운, 업 흔들면서 리듬을 카운트하고 있어야 하며, 두 번째 비트인 2에 기타 줄을 다운 스트로크로 쳐 소리를 낸 후 나머지 리듬인 e, n, a에선 업, 다운, 업 스트로크로 오른손을 허공에서 리듬에 맞게 흔들고 있어야 한다. 세 번째 비트에선 다운 스트로크로 첫 박을 치고 e 비트에선 허공에, 그리고 나머지 n, a에선 다운, 업 스트로크로 연주해야 한다. 네 번째 비트는 8분음표로 그려져 있으니 음의 길이에 주의하며 같은 방법으로 오른손으로 리듬을 계속 카운트하고 있어야 하겠다.

이와 같은 방법으로 나머지 다른 마디도 메트로놈에 맞춰 연습해 보길 바라며 4일차에 연주했던 〈Iron Man〉의 단음 리프 부분을 다시 보며 정확한 리듬을 확인해 보자.

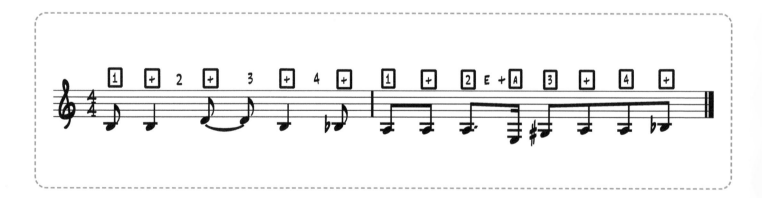

마디 위에 그려진 사각형 모양 안에 그려진 기호들이 실제 연주해야 할 박자다. 주의하여 오른손에 적용해 보자. 8분음표 기반의 리듬에선 '+'는 업 스트로크만 연주하지만, 16분음표 리듬 기반으로 보면 '+'는 'n'이라고 표시되며 다운 스트로크로 연주되니 주의하자.
특히 두 번째 마디, 두 번째 비트의 16분음표 기반의 리듬은 다음과 같이 연주해야 한다.

2	e	n(+)	a
다운 스트로크	업 스트로크로 허공에 흔들며 박자 맞추기	다운 스트로크로 허공에 흔들며 박자 맞추기	업 스트로크

오른손 연습을 충분히 했다면 속도를 높여서도 연습해 보고 실제 곡에 맞춰 다시 한번 연주해 보자.

레슨 6일 차

6-1 **팜 뮤팅**(Palm Muting)

팜 뮤팅이란, 오른손 손바닥의 일부분을 이용하여 뮤트를 걸어 주는 주법 이다. 뮤팅(muting) 주법이지만 소리를 완전히 커트(cut) 하는 것이 아닌, 톤 또는 음색을 바꿔 주는 주법이라 하겠다. 상당히 매력적인 소리이니 연 습해 보자.

이 연습 시 중요한 부분은 피킹을 최대한 강하게 하는 것이다. 자신이 할 수 있는 가장 빠른 속도에 맞춰 최대한 강하게 피킹을 하며 연습해야 하며 연습 시간에 제한을 두지 말고 오른손에 뻐근함을 느낄 때까지 해야 한다.

사진과 같이 기타 새들(saddle) 부분 가까이에 오른손 손바닥 가장자리를 기타 줄에 댄 상태에서 피킹을 하면 된다.

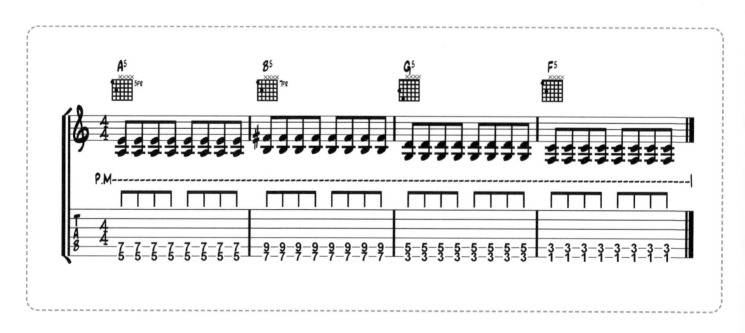

28

위 예제의 **'P.M'이라고 쓰인 기호는 팜 뮤팅**을 의미하며 이후 점선의 길이 위치만큼 팜 뮤팅을 하여 연주하면 된다. 팜 뮤팅을 제대로 하면 뭉툭한 소리가 나니 귀로 확인하며 연습해 보고 피킹은 다운 스트로크 위주로 하면 되겠다. 참고로, 팜 뮤팅 리듬 연주 시 일부 리듬의 강조를 위해 잠깐 잠깐씩 팜 뮤팅를 풀면서 더 다양한 리듬 패턴을 만들 수 있으니 기본 팜 뮤팅 연습이 충분히 되었다면 다음을 확인해 보자.

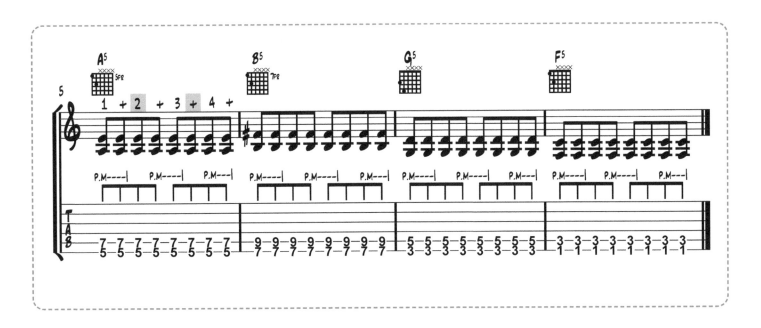

앞선 예제와는 달리 'P.M' 기호가 부분부분 끊겨 있다. 이것은 팜 뮤팅을 풀라는 뜻이니 기호가 없는 부분에서 손바닥을 기타 줄에서 살짝 띄어 피킹 한 후 다시 팜 뮤팅을 이어 나가면 되겠다. 결국, 2 와 + 부분에서 팜뮤팅을 잠깐 풀어 주면 된다.

이처럼 같은 진행의 코드라도 팜 뮤팅 패턴에 따라 곡 느낌이 많이 달라진다. 그럼 더 다양한 패턴을 배워 보자. 음표가 더 올라온 박자에 팜 뮤팅을 풀면 된다. 26쪽 예제의 코드를 적용해 연주해 보자.

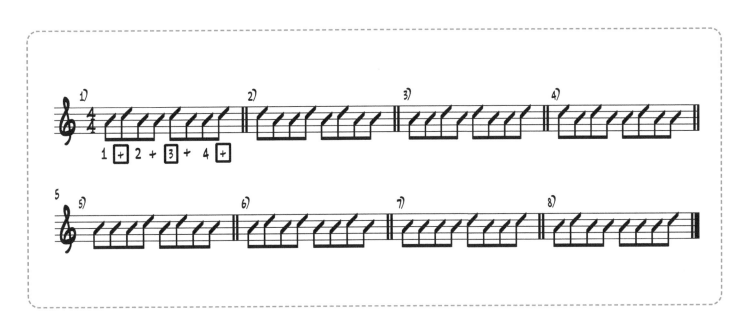

예제 곡 연습
(Princess Of The Dawn - Accept / Smoke On The Water - Deep Purple)

PRINCESS OF THE DAWN
ACCEPT

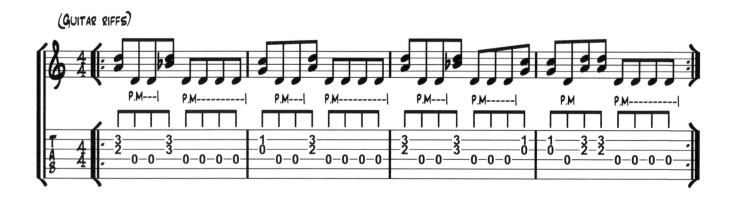

SMOKE ON THE WATER
DEEP PURPLE

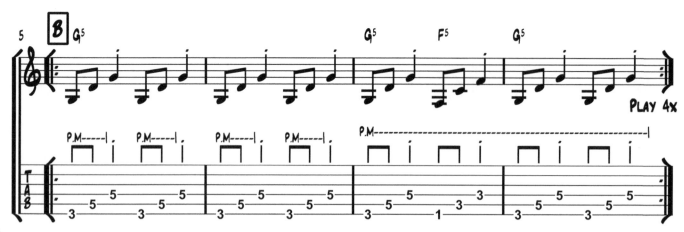

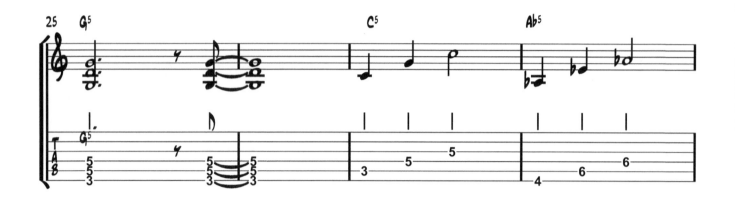

음악 틀어 놓고 똑같은 박자에
칠 수 있을 때까지 연습 또 연습..!

레슨 7일 차

7-1 아르페지오 주법(Arpeggiation)

아르페지오 주법이란, 코드를 한 번에 치지 않고 단음 하나씩 나누어 일정한 리듬에 연주하는 주법을 말한다. 아래 예제를 연주할 때 각 음들이 끊기지 않고 울리며 연주되도록 주의하며 연습해 보자.

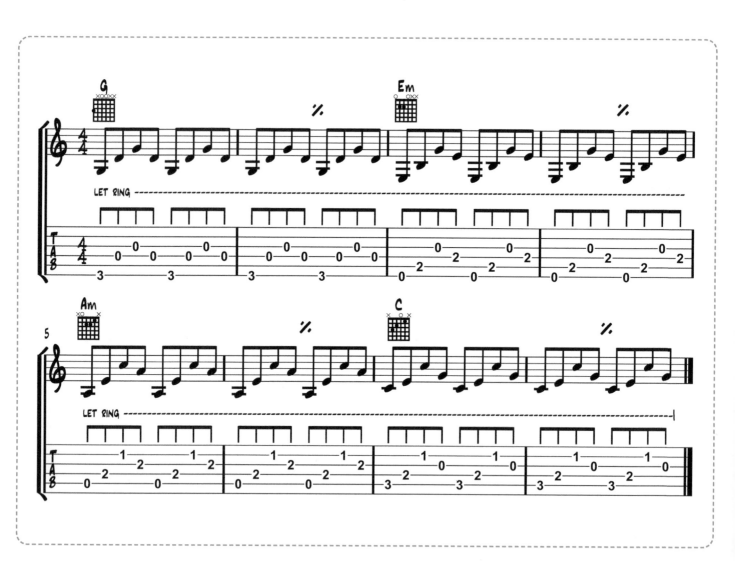

아르페지오 주법을 연주할 때 피크를 사용해도 되고 손으로 연주해도 된다. 피크로 연주 시 좀 더 날카롭고 깔끔한 톤을 내어 주며 손으로 연주 시 부드럽고 따뜻한 톤을 내어 주니 본인이 원하는 톤을 다양하게 연주할 수 있도록 두 방식 모두 연습해 보길 바란다.

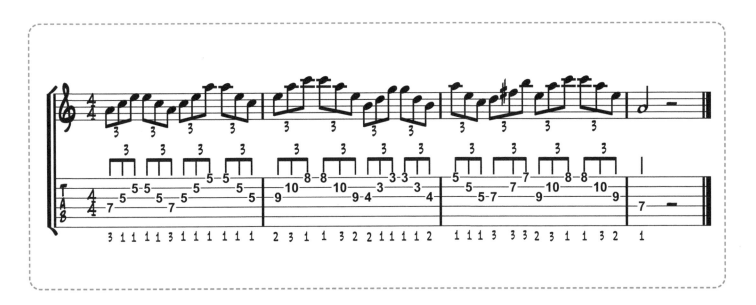

위 예제 타브 악보 아래에 적힌 **핑거링 넘버**가 의미하는 바는 다음과 같다.

1: 검지   2: 중지   3: 약지   4: 새끼

아르페지오 주법을 이용하여 위 예제를 연주하되 핑거링 넘버에 맞게 연주하도록 연습해 보자. 이번 예제는 각 음이 끊기게 연주되어도 상관없으나 3연음 리듬에 유의하여 한 비트에 음표 세 개가 일정하게 들어가도록 메트로놈에 맞춰 틀리지 않게 연주하자. 충분히 연습했다면 다음 쪽의 예제 곡으로 넘어가자.

WAKE ME UP WHEN SEPTEMBER ENDS
GREEN DAY

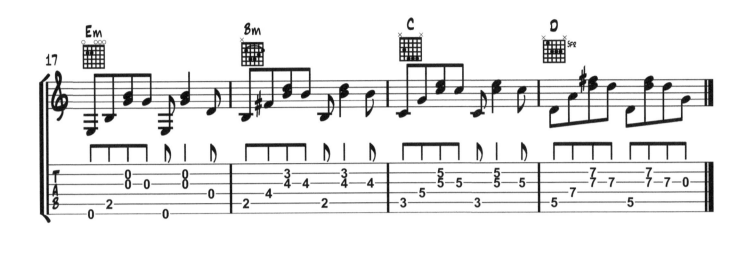

레슨 8일 차

8-1 마이너 펜타토닉 스케일(Minor Pentatonic Scale)

마이너 펜타토닉 스케일은 크게 5가지 포지션으로 외우는 게 일반적이나 여기서는 2가지 포지션을 먼저 배워 본다.

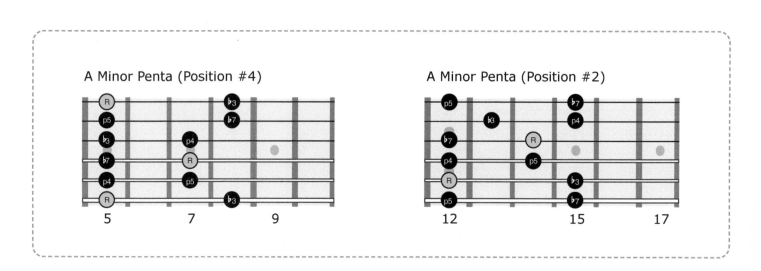

위 2가지 포지션은 모두 근음을 기준으로 연주, 연습해야 하며 여기서는 근음 'A'음을 기준으로 하고 있다. 각 포지션을 연습할 때는 메트로놈 ♩ = 60에 8분음표나 4분음표에 맞춰 상행 하행을 하고 이후 익숙해지면 16분음표에 맞춰서 연습해 보자. 16분음표까지 다 섭렵했다면 이후 메트로놈 속도를 5-10씩 올려 가며 소리가 깔끔하고 자연스럽게 나올 수 있도록 계속 연습한다.

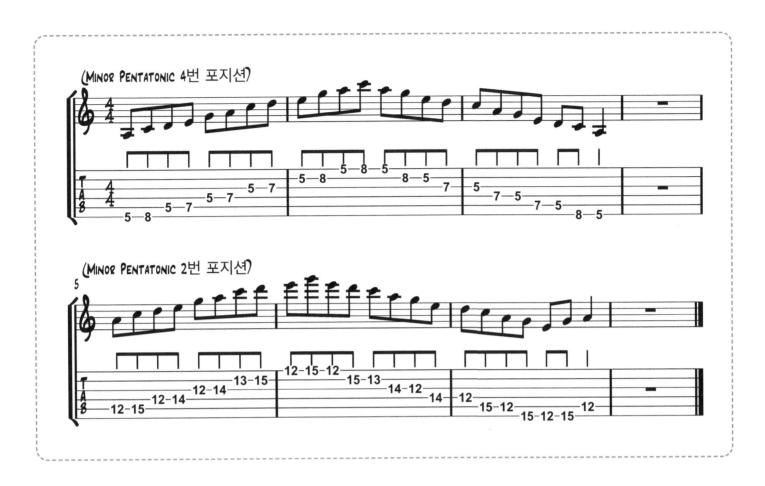

위 예제와 같이 포지션을 연습할 때는 꼭 그 포지션의 근음을 시작 노트로 하여 패턴을 연습해야 이후 다른 키에서도 헷갈리지 않고 각 키의 포지션을 찾아 연주하기가 수월해진다. 패턴 연습 시 항상 근음에서 시작하여 근음에서 끝맺자.

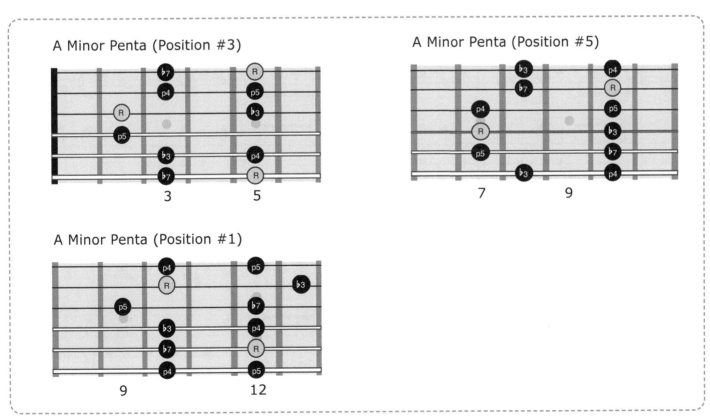

위의 나머지 포지션들도 연주해 보고 연습이 충분히 되었다면 총 5가지 포지션을 다 같이 묶어 연주해 보고 지판에서 나올 수 있는 가장 낮은 'A 마이너' 펜타토닉 포지션부터 찾아 순서대로 연주해 보자. 예를 들어, 'A 마이너 펜타토닉'은 포지션 3번-4번-5번-1번-2번 순으로 나오게 되며 'C 마이너 펜타토닉'은 포지션 1번-2번-3번-4번-5번 순으로 나온다. 그럼 추가적인 이해를 돕기 위해 아래 예제를 살펴보자.

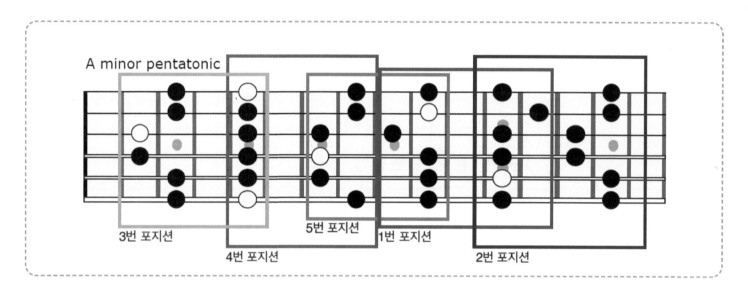

8-2 **예제 곡 연습**(Sunshine Of Your Love - Cream)

메인 기타 리프에서 D 마이너 펜타토닉 3번과 4번 포지션의 일부분을 이동하며 연주하는 부분이 있으니 참고하여 연주해 보자.

SUNSHINE OF YOUR LOVE
CREAM

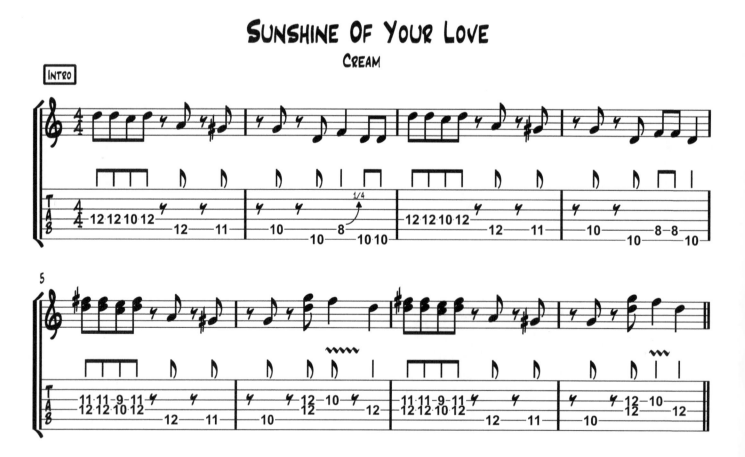

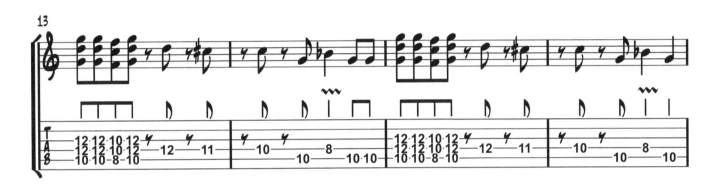

레슨 9일 차

9-1 벤딩(String Bending)

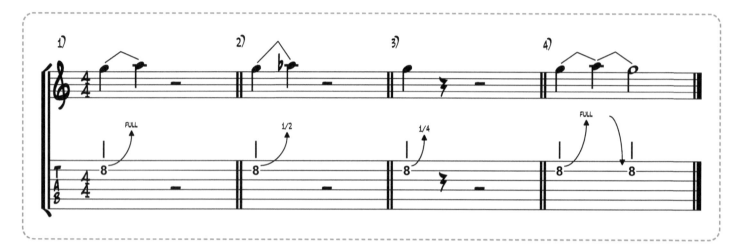

위 예제의 ⌒ 기호가 '벤딩'을 의미하며 벤딩의 종류는 크게 3가지로 정리 가능하다. 1번은 '풀 벤딩(full Bending)'이라고 불리며 연주될 음으로부터 총 한 음만큼 벤딩하면 된다. 여기서 한 음이란 'C à D 음, G à A 음'만큼 소리가 이동해야 한다는 것을 의미한다. 2번은 하프 벤딩(half bending)이라고 하며 말 그대로 반음만큼 벤딩하면 된다. 반음은 ½이라고 쓰며 'C à C# 음, G à A♭ 음'만큼의 이동을 의미한다. 3번 ¼ 벤딩은 살짝 줄을 잡아당겨 소리의 작은 변화를 주되, 피치 즉, 음의 높낮이에 변화가 크게 있어선 안되는 벤딩이니 연주할 때 주의하자.

위 예제의 4번은 한 음 벤딩 후 다시 처음 연주되었던 음으로 돌아와야 하는 벤딩이며 그 사이 연주되는 음이 끊기지 않고 악보에 그려진 리듬에 맞춰 한 번에 한 음만큼 벤딩을 하여 음높이(pitch)가 정확히 원하는 위치에 이동하여 멈춰야 하며 내려올 때도 같은 방법으로 연주되어야 한다.

9-2 비브라토(Vibrato)

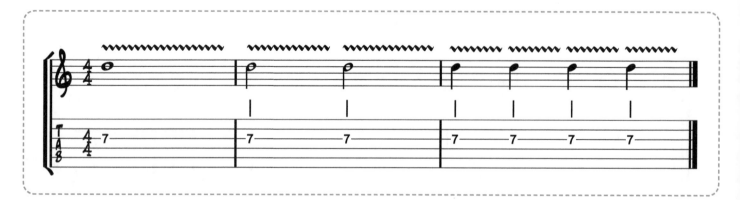

비브라토(vibrato)란 음을 빠르게 상하로 떨리게 하는 주법이다. 이때 연주한 음이 규칙적이고 일정한 속도로 움직이도록 연습해야 더욱 풍부한 음악적 감정을 전달할 수 있다. 너무 과도하게 상하로 크게 떨거나 너무 가늘고 빠르게 떤다면 듣기 거북한 비브라토가 될 수도 있으니 주의하여 연습한다.

9-3 예제 곡 연습(Back In Black - AC/DC)

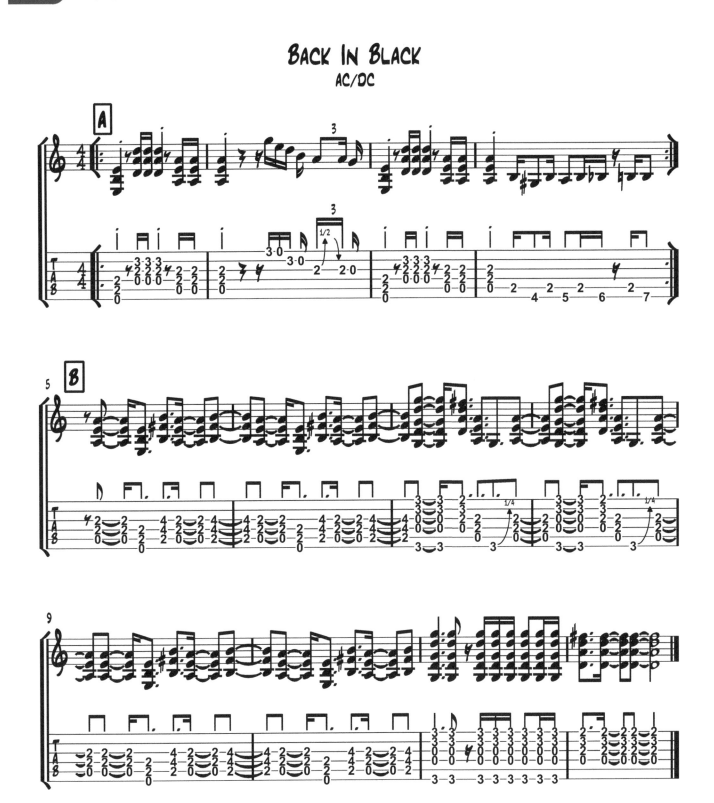

레슨 10일 차

10-1 바레 코드(Barre Chords)

흔히 **바(bar) 코드**라고도 불리는 코드이며 검지 손가락으로 한 번에 기타 줄의 일부나 여섯 줄 전체를 커버하며 만들어 내는 코드 폼을 의미한다.

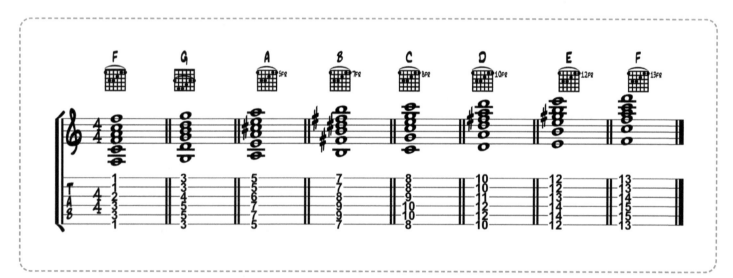

위 코드들은 6번 줄 근음에서 나오는 메이저 코드이다. 검지 손가락을 이용하여 한 프렛의 여섯 줄을 다 커버하고 중지를 3번 줄, 약지를 5번 줄, 새끼손가락을 4번 줄에 위치시킨다. 각 포지션에서 가장 낮은 음을 기준으로 코드 이름이 정해진 만큼 각 코드의 위치를 외우며 연주해 보자.

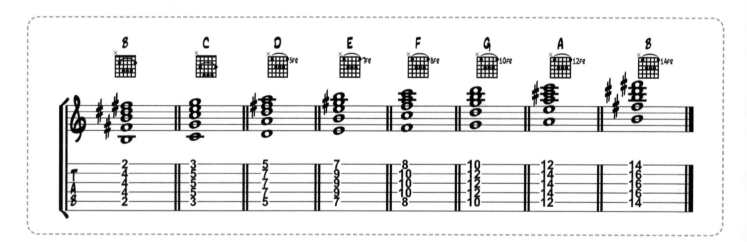

이번 코드들은 5번 줄 근음을 기준으로 만들어진 바레 코드이다. 역시나 근음이 있는 5번 줄부터 1번 줄까지 검지로 바레를 만들어 커버하고, 약지로 역시나 바레를 만들어 4번, 3번, 2번 줄을 동시에 누르거나 만약 이것이 어렵다면 중지를 4번 줄, 약지를 3번 줄, 새끼를 2번 줄에 위치시켜 연주 가능하니 둘 중에 자신이 조금 더 편하게 연주할 수 있는 방법으로 연습해 보자.

다양한 위치에서 메이저 코드들을 칠 수 있도록 연습하는 것이 중요하며 이것들을 메이저 바레 코드 또는 풀 메이저 트라이어드 코드(full major triads)라고도 불리니 참고로 알아 두자.

10-2 예제 곡 연습(Fly Away - Lenny Kravitz)

이번 곡의 리듬은 16분음표 기반으로 만들어진 패턴이니 정확한 타이밍에 각 코드들이 연주되도록 리듬을 먼저 확인 후 연주하고 인트로 부분에 나오는 𝄎기호는 전에 나온 두 마디 패턴 전체를 똑같이 반복 연주하라는 의미이며 이 𝄎기호는 바로 앞 한 마디를 다시 연주하라는 의미이니 참고해 연습해 보자.

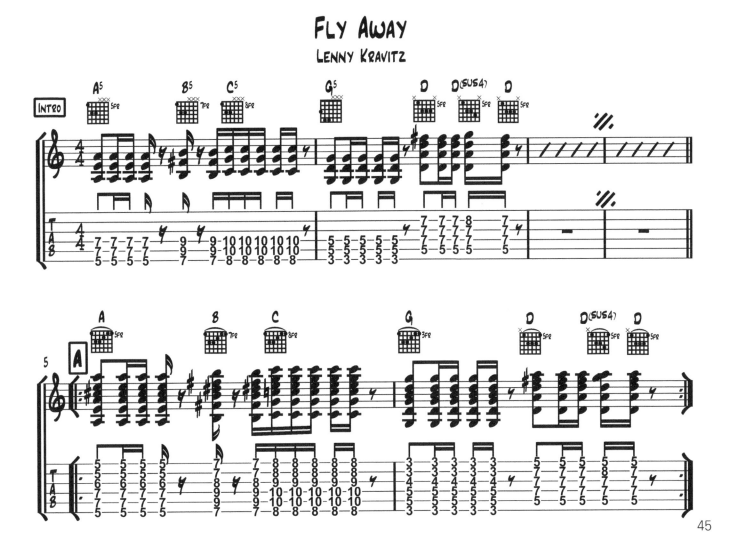

45

레슨 11일 차

11-1 12마디 블루스(12 Bar Blues)

블루스(Blues)는 락(Rock) 음악과 긴밀한 관계를 맺고 있는 음악 장르 중 하나이다. 많은 종류의 락 음악들이 블루스의 여러 요소들을 포함하고 있기 때문이다. 초기의 락 음악 형태는 로큰롤(Rock 'n' roll)이라고 보면 되는데 이는 블루스와 컨트리(Country) 장르가 혼합되어 탄생하였다. 1950년대 이전까지는 로큰롤이라는 장르 이름이 존재하지 않아 당시 빠른 템포와 강한 비트가 가미된 장르인 R&B(Rhythm & Blues) 장르로 대신 불리기도 하였다. 당시의 R&B는 우리가 현재 알고 있는 R&B 음악과는 다르게 말 그대로 블루스 기반의 장르였다

다시 말하면 초기 로큰롤 음악은 블루스적인 사운드였다. 60년대 이후 '롤링 스톤즈' 같은 유명한 밴드들이 등장하기 시작하면서 현재의 락 음악이 하나의 정식 장르로 자리 잡게 되었다.

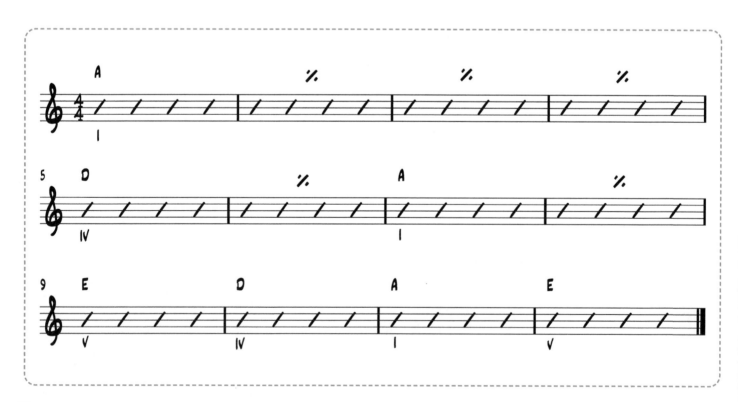

블루스는 일반적으로 12마디이며 각 키의 1도, 4도, 5도로 이루어져 있다. 이는 가장 기본적인 블루스 형태이며 더 다양한 형태도 존재한다.

각 코드들 밑에 적힌 로마 숫자는 인터벌(interval), 즉 음과 음 사이의 거리를 의미하며 키가 달라지더라도 블루스 진행을 쉽게 연주 할 수 있도록 하기 위한 방법 중 하나이니 참고하자. 예를 들어 로마 숫자로 블루스 진행을 외운 후 C키를 연주해 보면 1도에 C, 4도에 F, 5도에 G 음을 적용하여 블루스를 연주해 볼 수 있겠다.

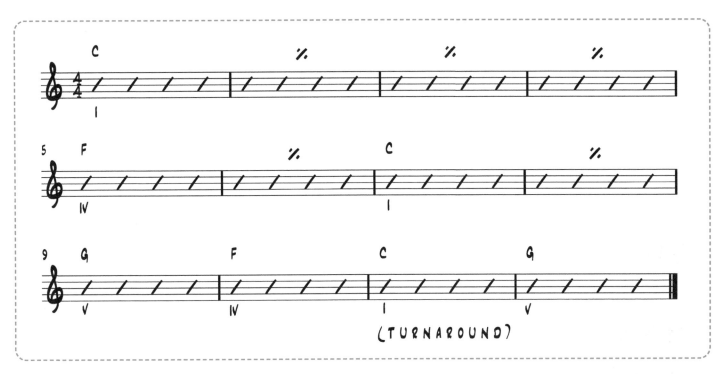

로마 숫자로 블루스 진행을 외운 후 다른 키에도 적용하여 블루스 리듬을 연주해 보고, 블루스 12마디 진행 중 마지막 2마디를 턴어라운드(turnaround)라고 부르니 같이 외워 두도록 하자.

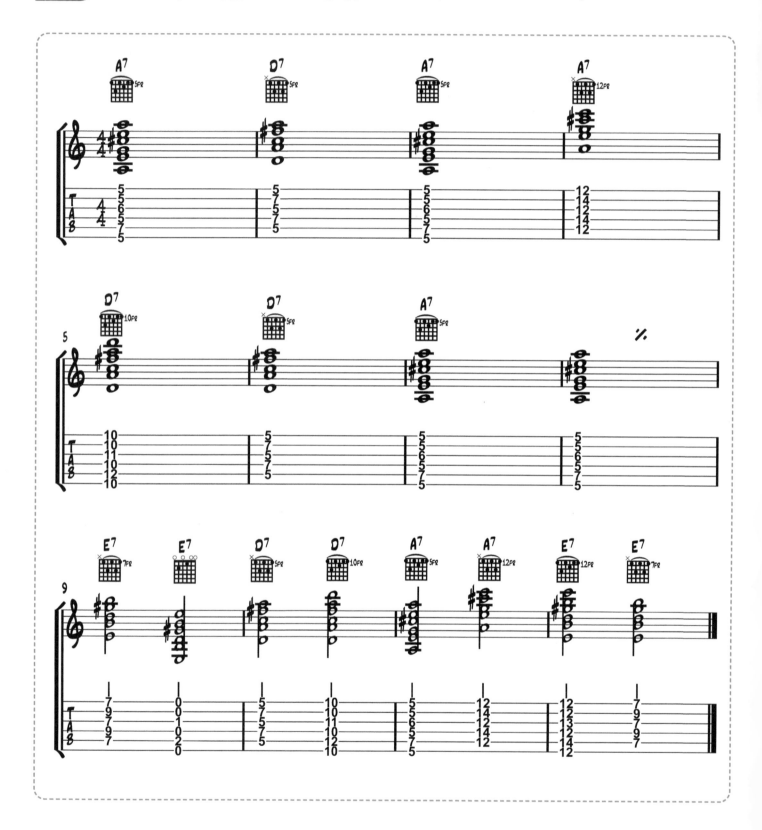

위 악보의 세븐스 코드들을 이용한 블루스 진행을 연습하며 코드 변환을 재빠르게 할 수 있도록 확실히 연습해 두자.

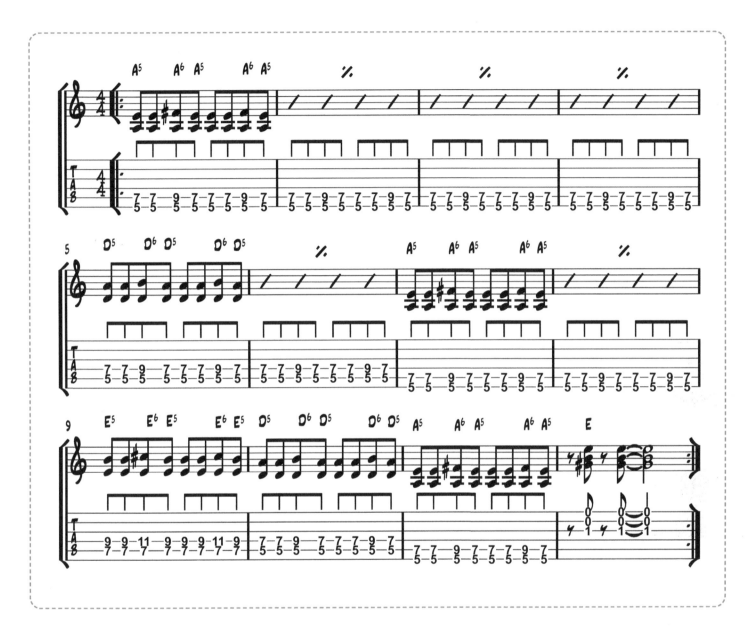

위 예제에서 'A5' 코드 연주 시 검지는 6번 줄 5번 프렛, 약지는 5번 줄 7번 프렛을 운지하고 있다가 'A6' 코드 연주 시에 새끼손가락만 살짝 늘려서 5번 줄 9번 프렛을 누르면 되겠다.

예제 곡 연습(La Grange - ZZ Top)

La Grange
ZZ Top

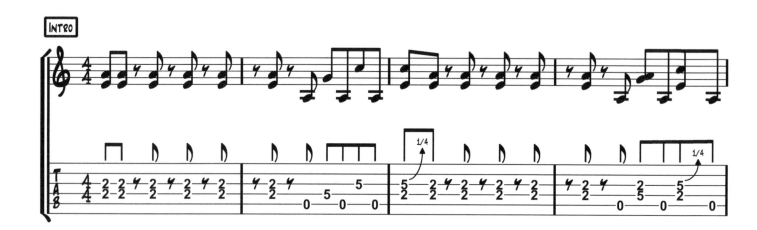

(DRUM FILL)

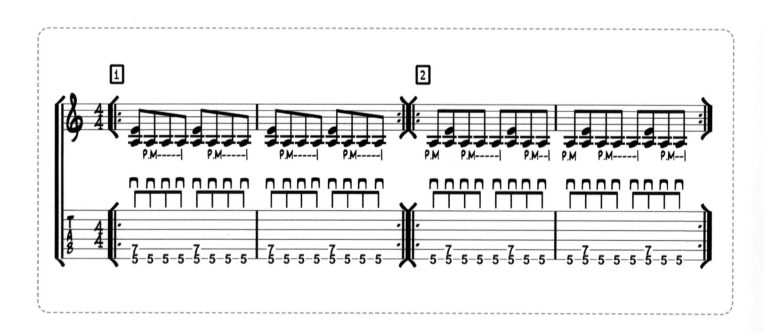

레슨 12일 차

12-1 팜 뮤트 악센트 패턴(Palm Mute Accent Patterns)

팜 뮤트 악센트 패턴이란 팜 뮤트와 일반적인 코드를 조합한 리듬 패턴을 의미한다. 밑의 첫 번째 예제를 보면 오른손 패턴은 전부 다운 피킹으로 하되 'P.M' 기호가 그려진 부분만 팜 뮤팅 연주, 아닌 부분은 그냥 연주를 하며 리듬 패턴을 완성하면 되겠다. 이때 팜 뮤팅을 하지 않는 부분에 악센트를 주어 좀 더 강하게 연주하는 것이 중요하니 참고하자.

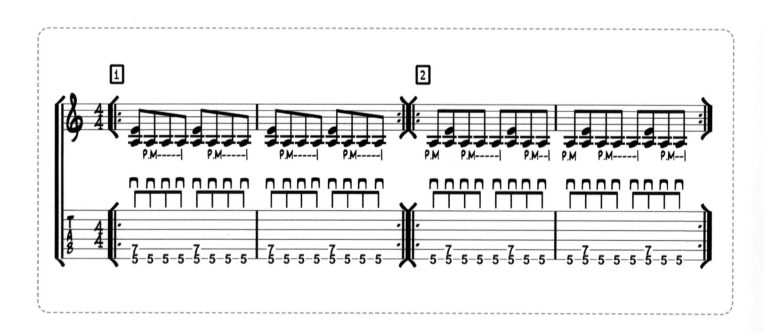

다음 예제는 첫 예제와 리듬 패턴은 똑같으나 오른손을 얼터네이트 피킹(alternate picking)으로 연주하는 방법이다. 얼터네이트 피킹이란, 오른손이 다운 피킹과 업 피킹을 교대로 반복하며 연주하는 주법을 말한다.

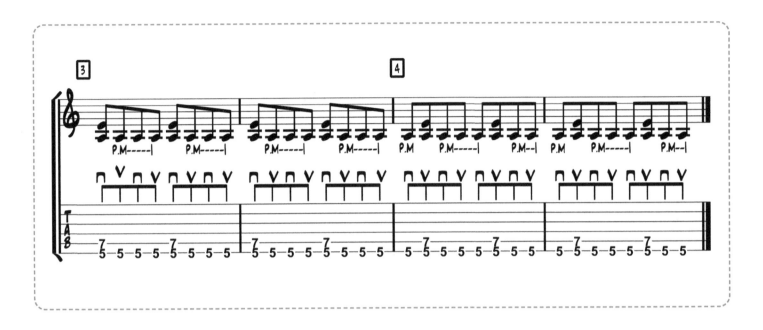

12-2   4번 줄 D폼 파워 코드(D-Form Power Chords)

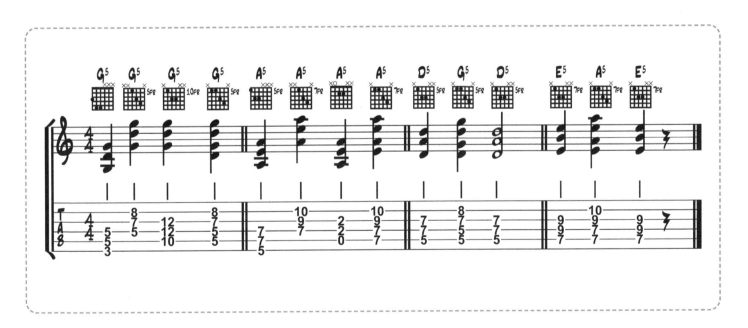

파워 코드를 연주할 때 6번 줄을 근음으로 하는 폼을 'E폼'파워 코드라고도 불리며 5번 줄 폼을 'A폼', 4번 줄을 'D폼' 파워 코드라고도 하니 참고하자. 이제 '4번 줄 D폼'을 배웠다면 코드 변경 시 가까운 폼으로 연결하며 연주할 수 있으니 연습을 통해 익숙해지도록 하자.

예제 곡 연습(2 Minutes To Midnight - Iron Maden)

2 Minutes To Midnight
Iron Maiden

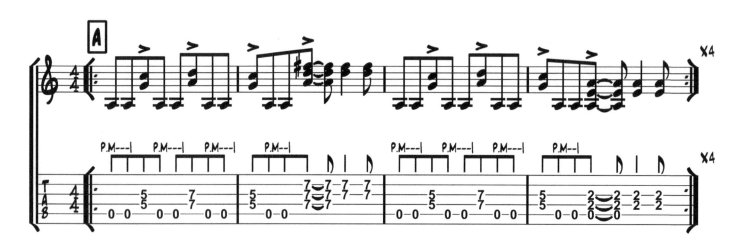

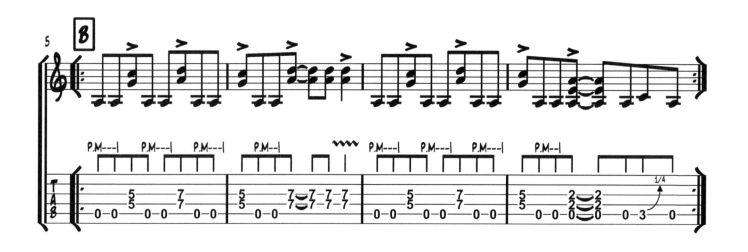

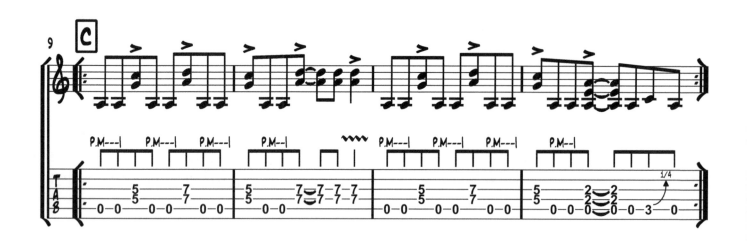

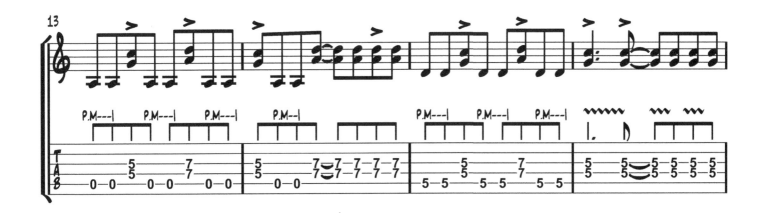

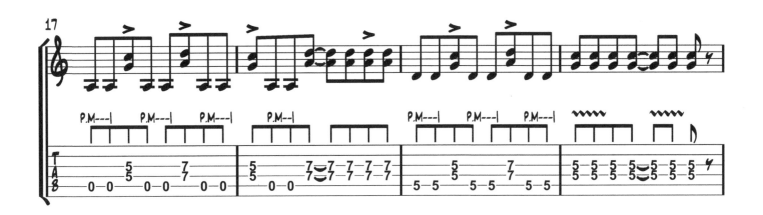

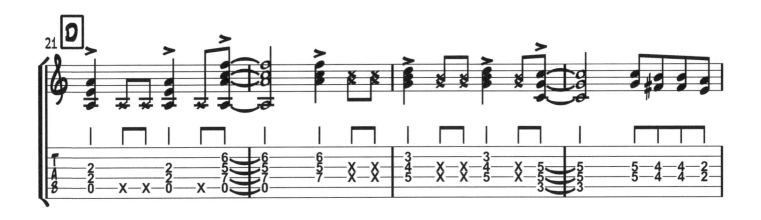

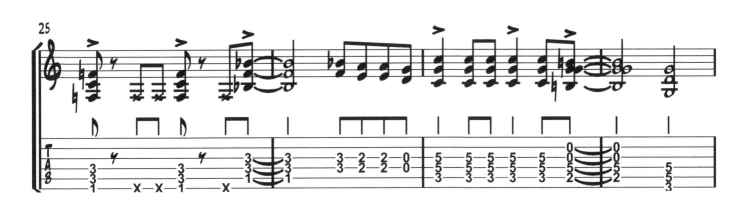

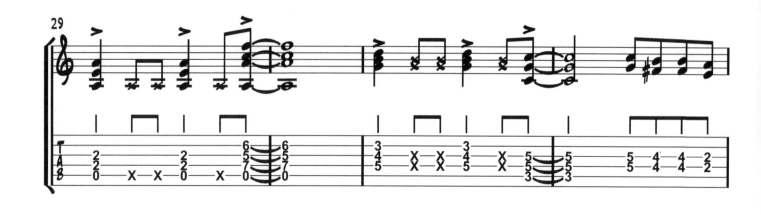

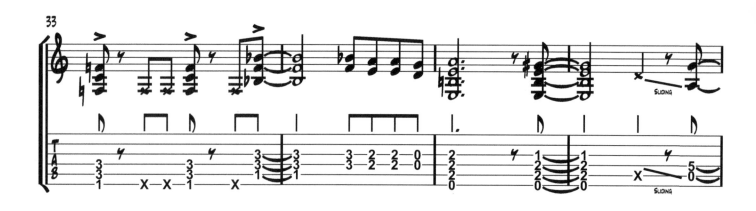

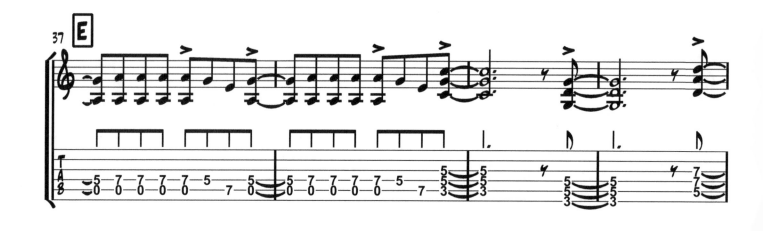

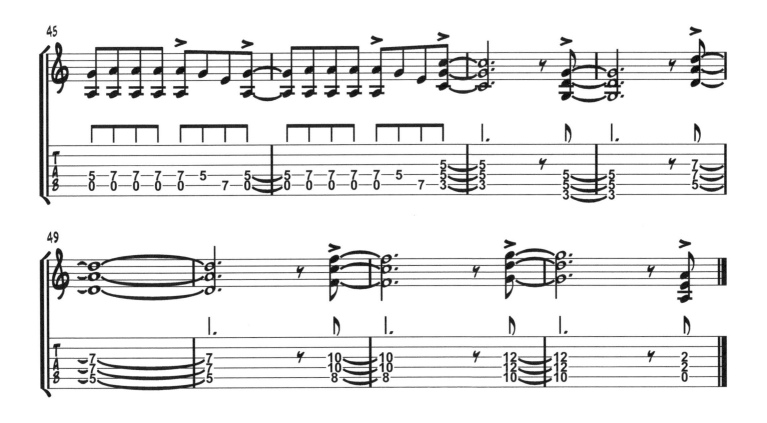

12-4 보충 설명(Additionals)

>는 강세를 표현하는 기호로서 다른 음표들보다 좀 더 강하게 표현해 내면 되겠다.

레슨 13일 차

13-1 스트러밍 패턴과 이음줄(Strumming Patterns & Tie)

스트러밍 시 오른손을 다운, 업으로 번갈아 가며 연주하지만 ⌣ 이음줄 뒤에 연결된 리듬은 연주하지 않는다.

이음줄은 일반적으로 업 비트에 붙으며 따라오는 다운 비트는 연주하지 않지만 오른손은 계속 다운, 업 스트러밍의 움직임을 유지하며 리듬을 계속 카운트해야 한다.

만약 아래 예제처럼 8분음표와 4분음표로 이루어진 리듬을 연주해야 한다면 더 많이 쪼개지는 8분음표 리듬을 기준으로 전체 리듬을 카운트해야 패턴을 더 정확히 연주할 수 있다.

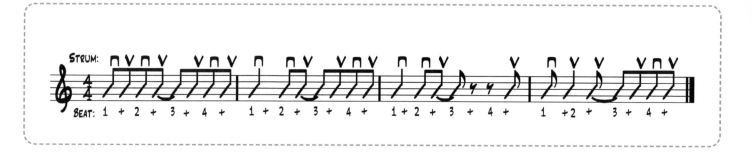

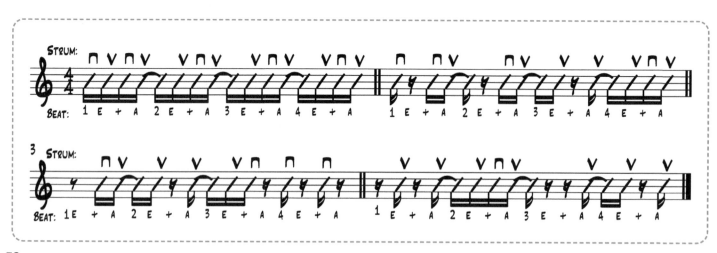

58

예제 곡 연습 전에16분음표 리듬들의 표기법에 대하여 간단히 알아보자.

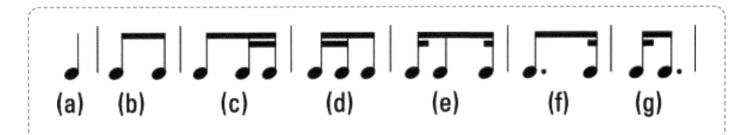

(a) 4분음표

(b) 8분음표

(c) 8분음표 + 2개의 16분음표

(d) 2개의 16분음표 + 8분음표

(e) 16분음표 + 8분음표 + 16분음표

(f) 점 8분음표 + 16분음표

(g) 16분음표 + 점 8분음표

13-2 예제 곡 연습(Smells Like Teen Spirit - Nirvana)

이번 곡은 A, B, C 파트가 일정한 간격으로 반복 연주되는 곡이니 먼저 각 파트들을 확실히 연습한 다음에 음악을 들으며 따라 연주해 보자.

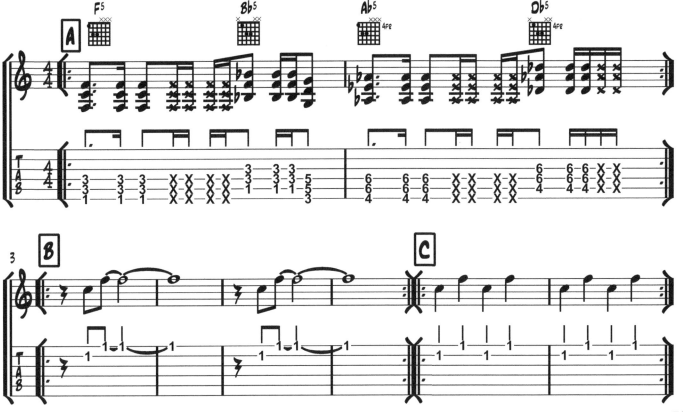

레슨 14일 차

14-1 벤딩 후 비브라토(Vibrato on a String Bend)

벤딩을 한 채로 음에 떨림을 주는 비브라토를 연습해 보자 비브라토 시 벤딩한 음의 피치가 너무 올라가거나 내려가 다른 음처럼 들리지 않도록 주의해야 한다. 즉 A 음에서 B 음으로 벤딩 후 비브라토 시에 B 음을 벗어나지 않는 선에서 기타 줄을 떨며 비브라토를 해야 한다는 것인데 연습을 충분히 하지 않으면 쉽게 그 음역대를 벗어나게 될 수 있으니 주의하며 연습해야 한다.

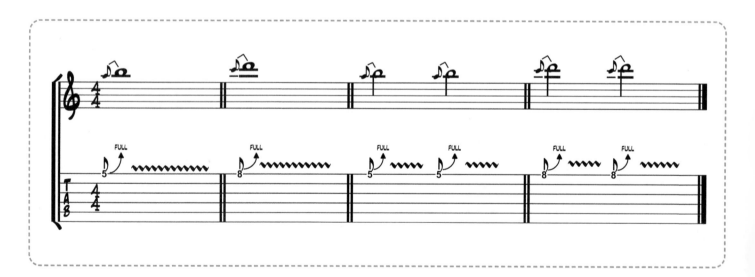

14-2 오블리크 벤딩 주법(Oblique Bends)

오블리크 벤딩이란 한 손가락으로 벤딩 후 다른 손가락으로 바로 아래 줄을 연주하여 두 음이 동시에 울리게 연주하는 주법을 말한다. 벤딩 후 벤딩한 음이 끊기지 않은 상태에서 밑에 다른 줄의 음을 연주하여 두 음이 끊기지 않고 연주되어야 하니 참고하여 연습해 보자.

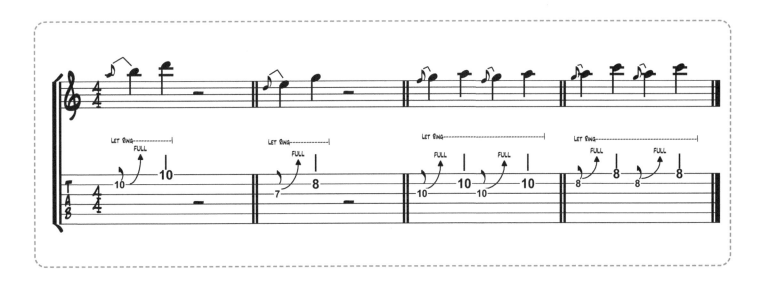

이번 예제 곡은 리프가 유명한 곡이다. 슬라이딩과 코드가 같이 포함된 리프이니 코드를 미리 익혀 둔 후에 리듬에 맞춰 연습해 보자.

CARRY ON WAYWARD SON
KANSAS

레슨 15일 차

15-1 락 음악 내의 믹솔리디안 조성(Mixolydian Tonality in Rock Music)

음악에는 크게 메이저(major)와 마이너(minor) 조성이 있고 더 세분화해 보면 다양한 조성(tonality)들이 존재하는데 이는 스케일(scales) 또는 선법(modes)과 관련이 있다. 우리가 흔히 말하는 조(key)는 근음과 음계의 관계를 기준으로 결정되며, 조성은 그 조의 성질을 의미한다.

아래 A 믹솔리디안 모드와 E 믹솔리디안 모드가 있다. 메이저 스케일과 비교해 보면 일곱 번째 음이 반음 내려가 있는 걸 알 수 있다.

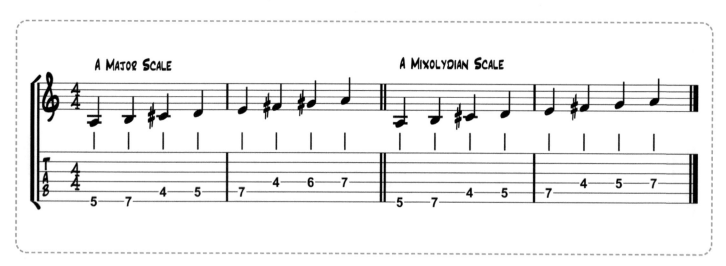

A Major Scale

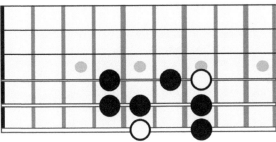

A Mixolydian Scale

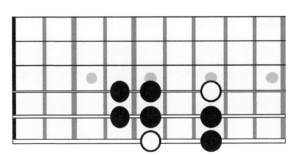

E Major Scale

E Mixolydian Scale

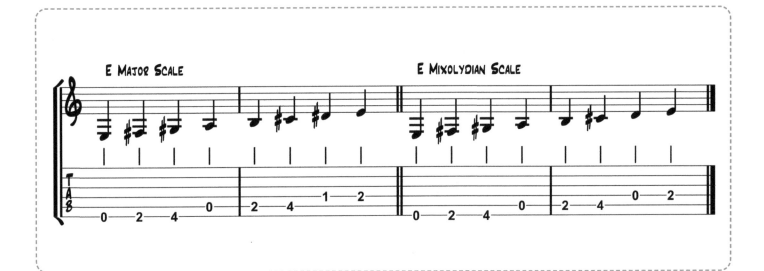

E Major Scale

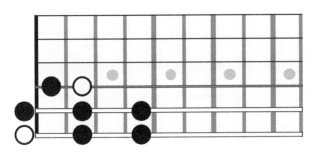

E Mixolydian Scale

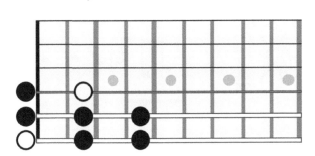

믹솔리디안 모드는 락 음악에 자주 사용되는데 이는 메이저와 마이너 사이의 묘한 사운드를 이용해 신비한 느낌을 만들어 낼 수 있기 때문으로 해석된다. 〈She Said Hhe Said〉, 〈I Feel Fine〉, 〈Norwegian Wood〉등 The Beatles의 많은 곡들이 믹솔리디안을 이용하여 작곡되었고 그 외에도 다양한 락 뮤지션들이 이 스케일을 이용하였다.

15-2 **예제 곡 연습**(I Feel Fine - The Beatles)

I FEEL FINE
THE BEATLES

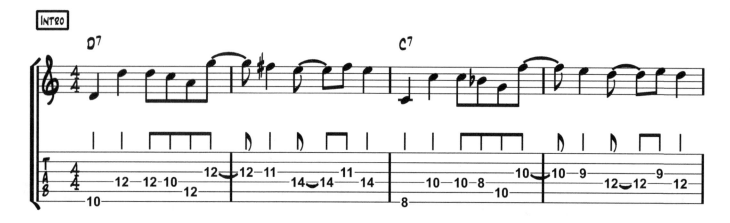

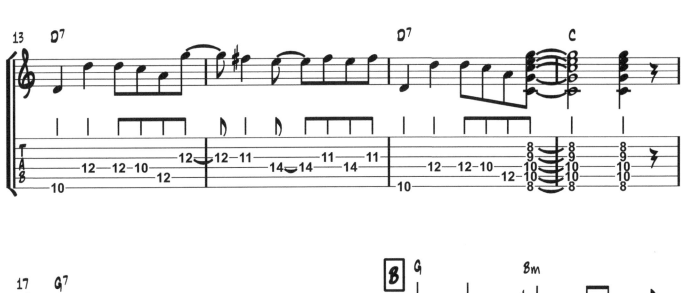
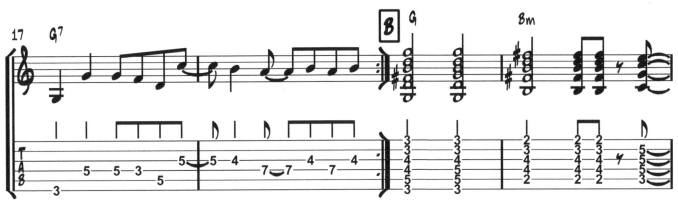

코드 이름만 보고도
연주할 수 있을 때까지...

레슨 16일 차

16-1 마이너 펜타토닉 포지션 옵션(More Minor Pentatonic Options)

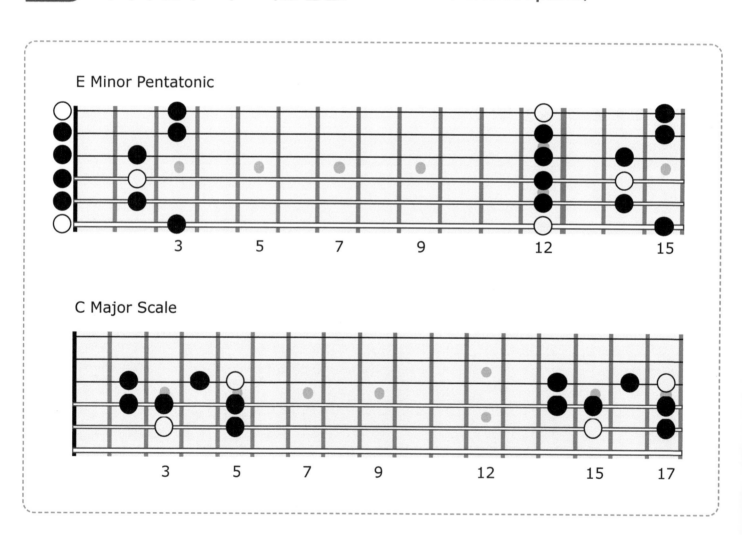

같은 포지션을 열두 프렛 위에서 연주하면 한 옥타브 높은 소리가 난다. 위의 두 예시를 통해 알아보자.

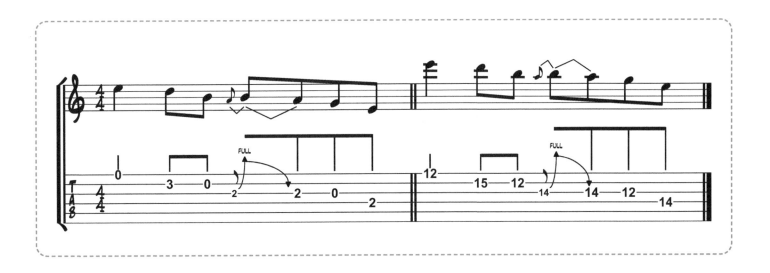

위의 두 릭은 한 옥타브 차이가 나는 같은 릭이다.

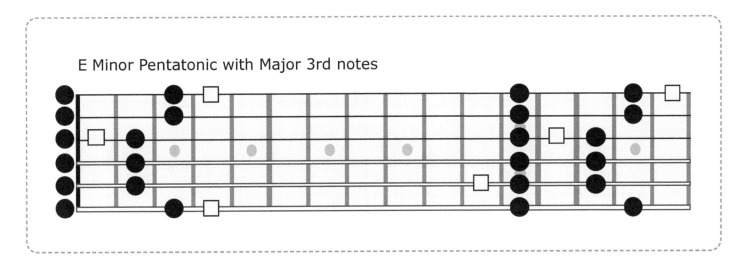

위의 표는 마이너 펜타토닉에 장3도가 섞인 포지션 모양이다. 마이너 펜타토닉에 장3도라니 의아하겠지만 락 음악에서 은근히 많이 사용되는 조합이다. 마이너의 단3도와 메이저의 장3도의 조합에서 오는 조성의 복합성이 종종 흥미롭게 들리며 긴장감을 높여 듣는 재미를 더해 준다. 아래의 예제를 쳐 보며 단 3도에서 장 3도로 바뀔 때 느낌이 어떻게 다른지 느껴 보자.

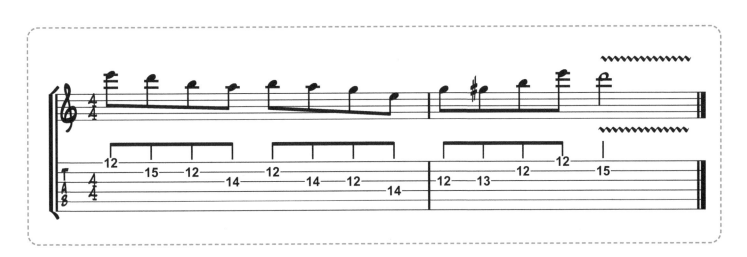

SWEET CHILD O'MINE
GUNS N' ROSES

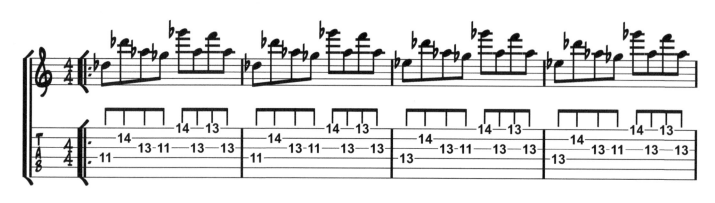

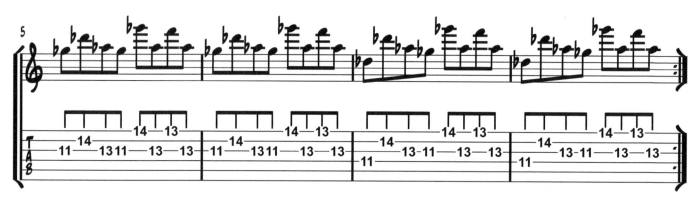

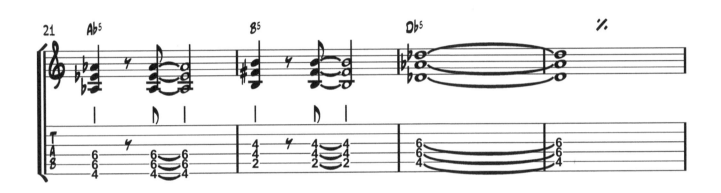

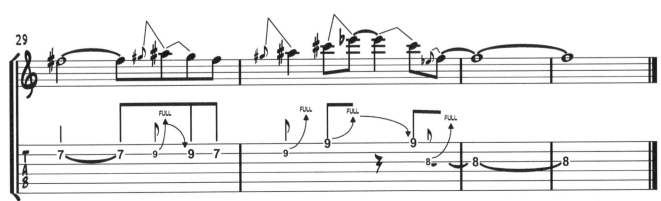

레슨 17일 차

17-1 마이너 블루스 스케일(Minor Blues Scale)

마이너 블루스 스케일은 마이너 펜타토닉에 ♭5 노트가 포함된 스케일을 말한다. ♭5 노트는 마이너 블루스 스케일에서 굉장히 중요한 양념 같은 존재로 블루스 음악뿐만 아니라 락, 메탈, 하드락 등 많은 음악 스타일에서 솔로나 리프 연주에 많이 사용되는 노트라고 볼 수 있다. 마이너 블루스 스케일로 기타 리프를 만든 락 음악은 Metalica의 〈Enter Sandman〉, Cream의 〈Sunshine of Your Love〉, Led Zeppelin의 〈Heart Breaker〉, Aerosmith의 〈Walk This Way〉, Doors 의 〈Roadhouse Blues〉 등 무수히 많다.

리듬적 변위(Rhythmic Displacement)

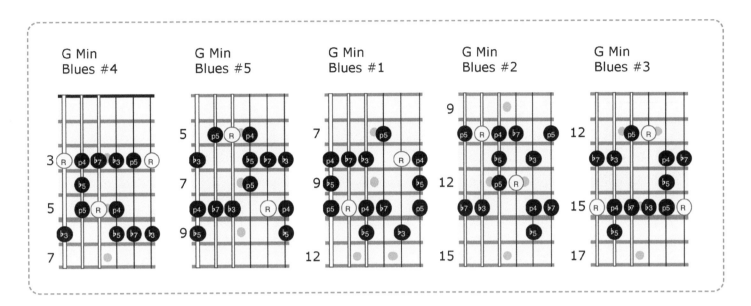

리드믹 테크닉 중 대표적인 예로써 단순히 위치를 변화시켜 리듬적인 다양성을 주는 테크닉이 있는데 이는 요즘 모던 락을 대표하는 특징 중 하나이다. 같은 패턴이라 하더라도 단순히 리듬의 위치에 변화를 주어 모티프가 되는 사운드를 만들어 낼 수가 있으며 이는 결국 리듬적인 흥미를 이끌어 듣는 재미를 더욱 살려 주게 된다.

위 예제를 보면 한 마디에 16분음표 8개의 리듬을 이용하되 각 마디의 리듬에 변화를 주어 다양성을 모색했다. 이 단순한 리듬의 변화만으로 어떤 느낌과 사운드의 변화가 있는지 연주를 해 보며 각자 알아보기를 바란다.

17-3 예제 곡 연습(Walk This Way - Aerosmith)

이번 예제 곡은 앞에서 배운 마이너 블루스 스케일과 리듬적인 변위를 이용한 기타 리프가 돋보이는 곡으로서 A 파트는 E 마이너 블루스 스케일을 이용, B 파트는 리듬적인 변위를 이용하여 만들어진 리프이니 이를 분석하여 연주해 보기를 바란다.

Walk This Way
Aerosmith

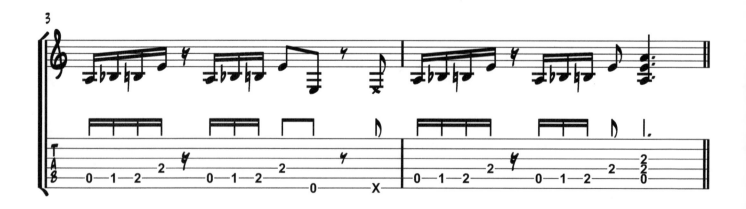

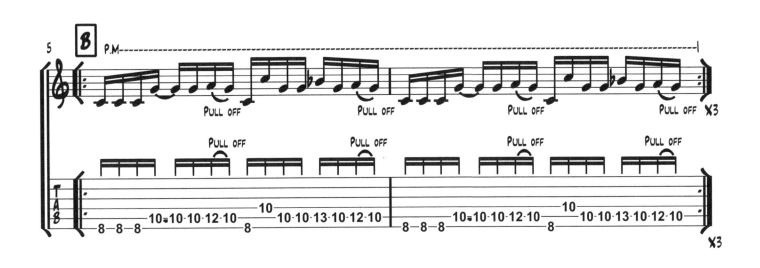

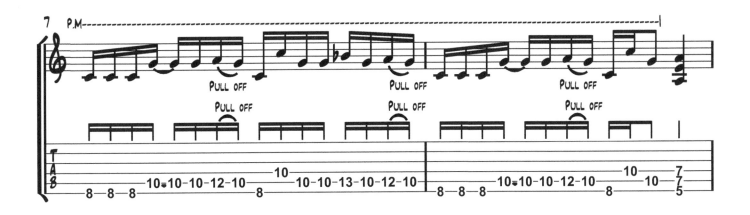

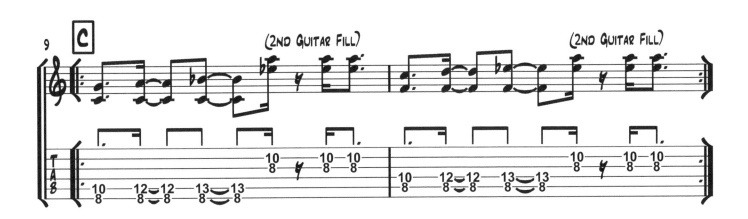

레슨 18일 차

18-1 메이저 블루스 스케일(Major Blues Scale)

메이저 블루스 스케일은 마이너 블루스 스케일과 다르게 ♭5 노트가 아닌 장3도가 메이저 펜타토닉에 포함된 스케일이다. 앞에서도 이미 언급했지만 락의 기반인 블루스 리듬과 그에 맞는 스케일을 연주하는 것이 락 음악을 포함하여 더욱 다양한 음악을 이해하는 데 많은 도움이 될 것이기에 다음 5가지 포지션을 천천히 다 외워서 결국 다른 키로도 연주 가능하도록 미리 연습해 놓기를 바란다.

18-2 반음 벤딩과 점진적인 벤딩(1/2 Step and Gradual Bends)

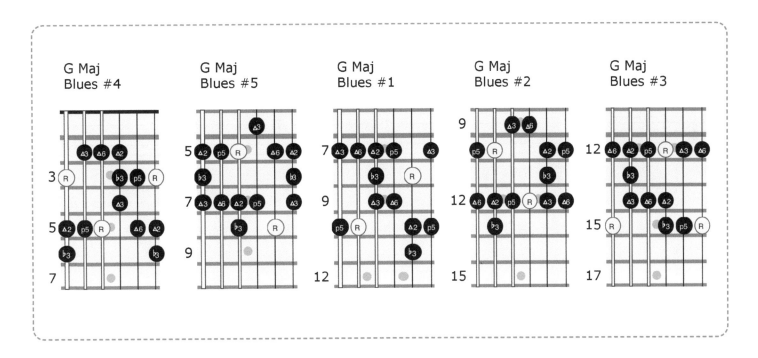

이전 챕터들에서 나온 벤딩이 대부분 풀 벤딩이었다면 이번 챕터에서는 반음 벤딩에 대하여 배워 본다. 반음 벤딩이란 말 그대로 반음만큼만 벤딩 후 다시 원래 자리로 돌아오는 벤딩이다. 연습 시 중요한 점은 한 번의 짧고 빠른 벤딩 모션으로 원하는 만큼 피치를 올려 정확히 원하는 소리를 바로 찾아낼 수 있어야 한다. 즉 풀 벤딩이든 반음 벤딩이든 간결하면서도 확실하게 벤딩이 이루어질 수 있게 연습을 충분히 해야 한다는 뜻이다.

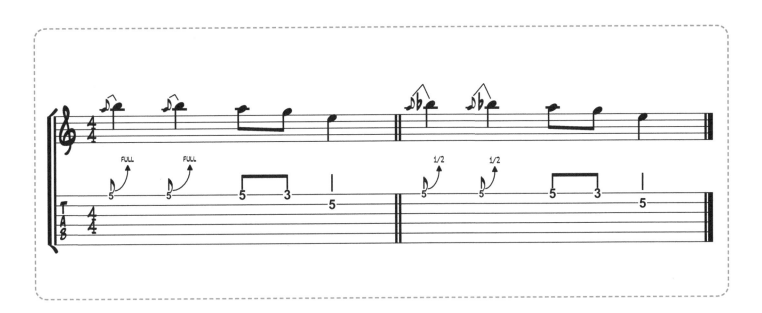

이번에 배울 벤딩은 천천히 벤딩하면서 원하는 박자에 원하는 맞춰 피치에 도달하는 벤딩법이다. 위에 적힌 리듬에 맞춰 벤딩이 정확한 타이밍에 정확한 음에 도달하도록 연습해 보자.

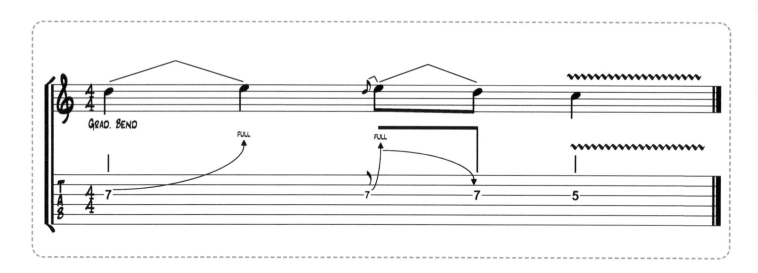

악보에 표기된 'Grad. Bend'는 '점진적인 벤딩'을 의미하니 연주 시 참고하자.

18-3 예제 곡 연습(Psycho - Muse)

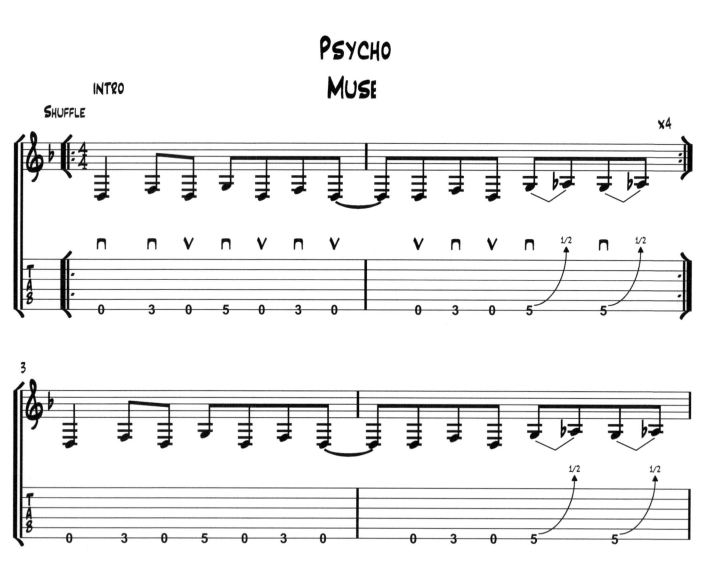

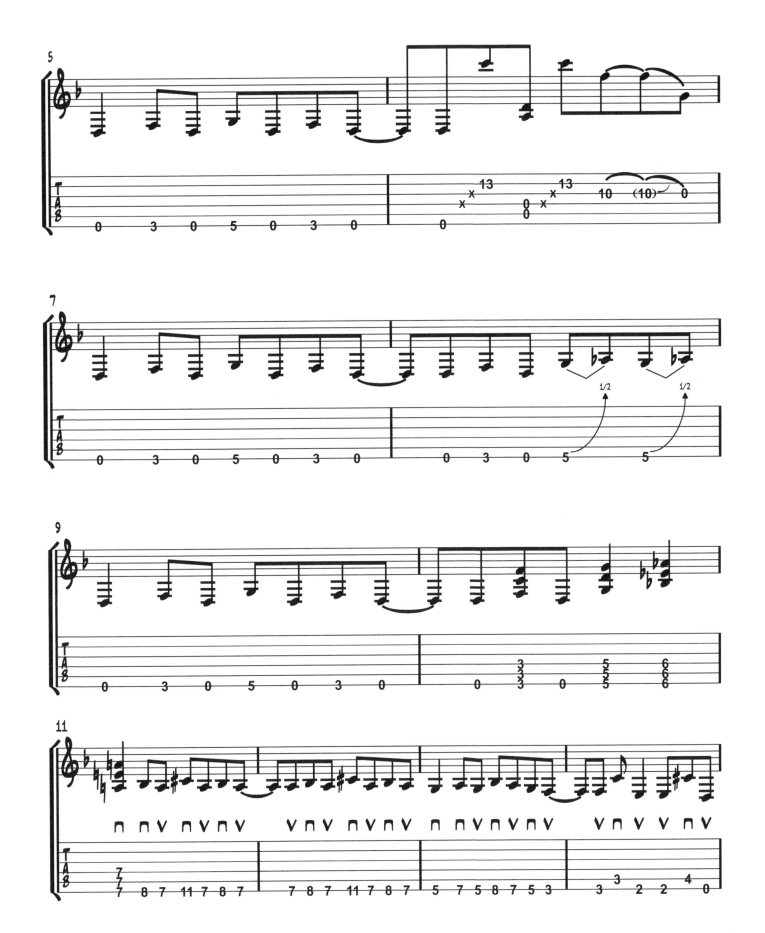

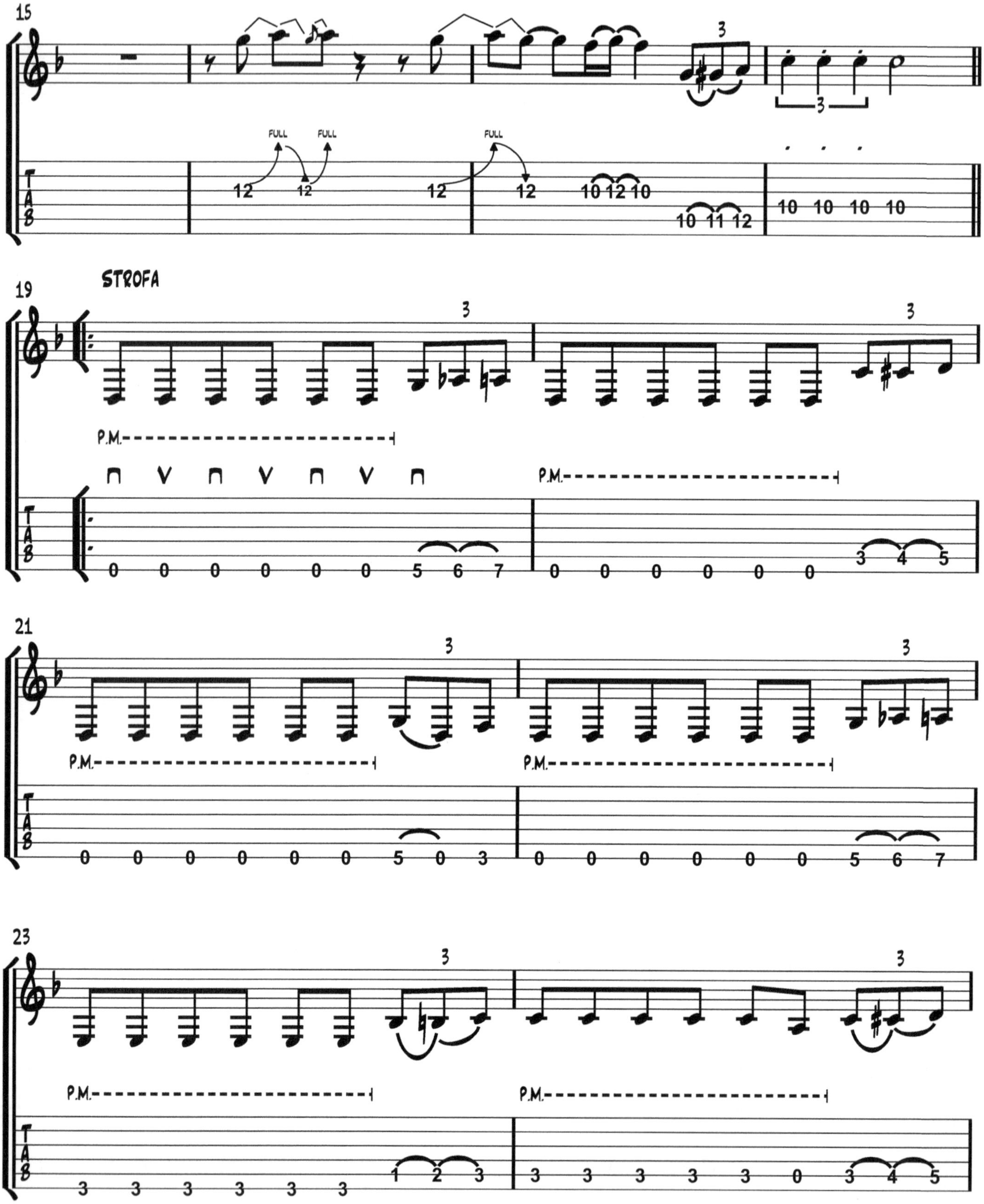
15
FULL
FULL
FULL
19
STROFA
P.M.
P.M.
21
P.M.
P.M.
23
P.M.
P.M.

메트로놈에 맞춰 단번에 벤딩으로 원하는 음의 피치가 나올 수 있을 때까지..!

레슨 19일 차

19-1 6연음 리듬(Sextuplets Rhythm)

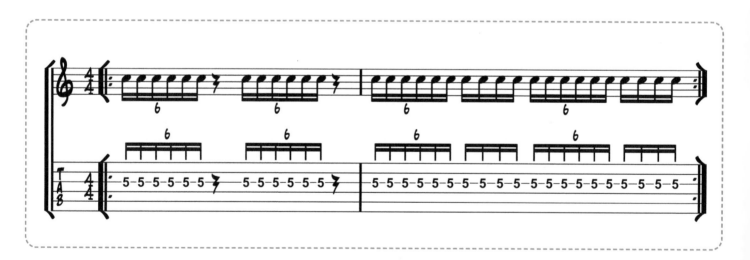

일반적으로 '6개의 묶음'을 'sextuplet'이라고 하며 음악에서는 6연음을 의미한다. 한 비트에 6연음 리듬이 전부 들어가게 연주해야 되니 메트로놈을 ♩ = 60 정도에 맞춰놓고 정확한 리듬에 6연음이 들어가도록 연습해 보기를 바란다.

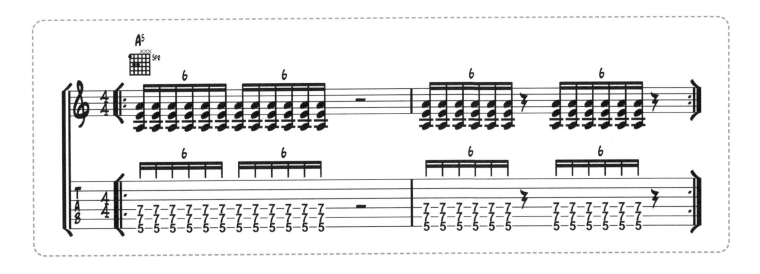

19-2 16분음표 왼손 오프 비트 강세 뮤팅
(Sixteenth Offbeats with Fret-Hand Muting)

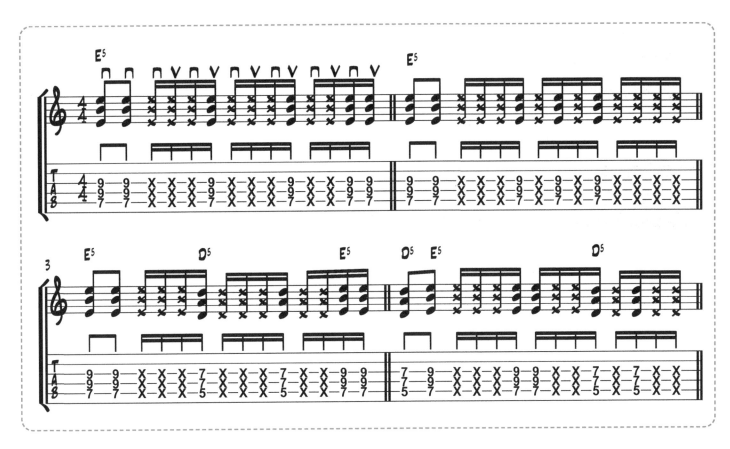

악보에 X 표시가 되어 있는 리듬 부분에선 왼손을 살짝 띄어 줄을 누른 소리가 아닌 뮤팅된 소리를 만들면 되는데 이때 손이 완전히 줄에서 멀어지게 되면 개방현 소리가 날 수 있으니 왼손을 줄에 대고 있되 누르지 않는다는 생각으로 왼손에 아주 살짝 힘을 뺀 상태에서 오른손 피킹을 하며 뮤팅된 소리를 만들어 내면 되겠다.

강세가 붙지 않은 박자를 오프비트(offbeat)라고 한다. 흔히 첫 번째와 세 번째 비트에 강세가 붙는 것이 일반적이나 오프 비트를 이용해 더욱 다양하고 흥미로운 리듬 패턴을 만들 수 있다.

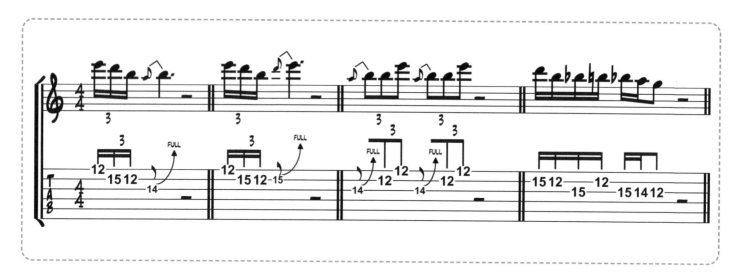

위에 한 마디짜리 릭들은 락 또는 블루스에서 굉장히 자주 사용되는 릭으로, 박자에 맞춰 미리 예습해 놓는다면 기타 리프나 솔로 연주 시에 유용하게 사용될 것이니 참고해 두자.

19-4 예제 곡 연습(I Love Rock 'N Roll - Joan Jett)

I Love Rock 'N Roll
Joan Jett

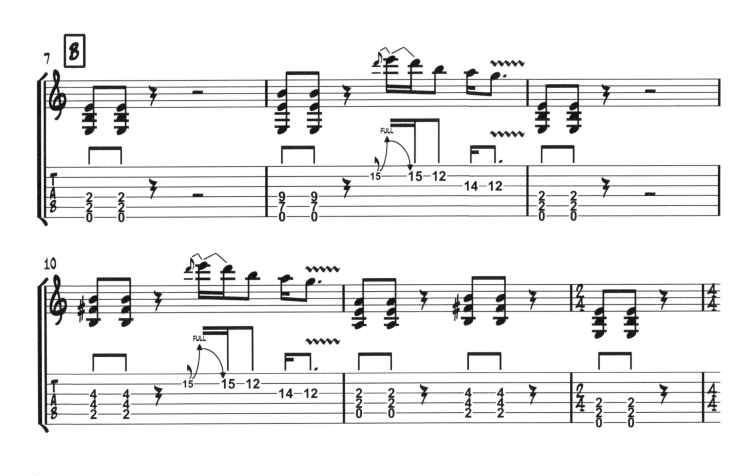

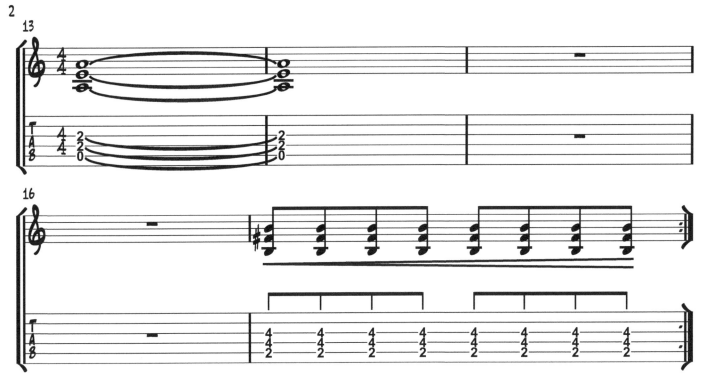

19-5 보충 설명(Additionals)

—— 는 크레센도(crescendo)라고 불리며 '점점 세게' 연주하라는 뜻을 지니고 있다.

레슨 20일 차

20-1 메이저 스케일의 화음(Harmonizing the Major Scale)

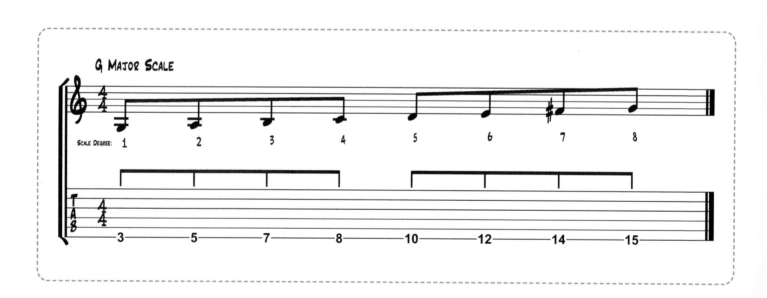

6번 줄을 기준으로 그린 G 메이저 스케일이다. 그리고 음표 밑에 숫자가 있는데 이를 '도수'라고 부른다. 도수(scale degree)란, 스케일의 시작음을 1도라고 할 때 스케일 안의 나머지 음들의 음정을 숫자로 나타낸 형태를 말하며, 이는 결국 각각의 음들을 숫자로 바꾸어 생각하게 하여 스케일의 음정을 더 쉽게 파악하고 외울 수 있는 방식이라고 생각하면 되겠다.

C 음을 기준으로 도수를 적어 보면 다음과 같다.

C = 1도 (Tonic)	C – G: 완전5도 (Perfect 5th)
C – D: 장2도 (Major 2nd)	C – A: 장6도 (Major 6th)
C – E: 장3도 (Major 3rd)	C – B: 장7도 (Major 7th)
C – F: 완전4도 (Perfect 4th)	C – C: 완전8도 (Perfect 8th)

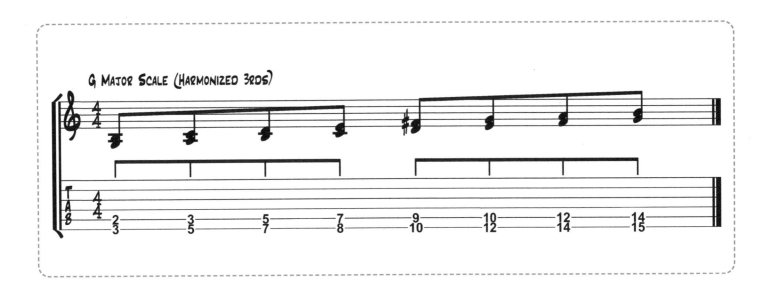

G 메이저 스케일 음들 위에 3도를 각각 쌓아 화음을 만들어 보았다. 화음을 쌓을 때는 그 스케일 안에 포함된 음들 만을 이용하여 3도를 쌓기 때문에 어떤 음 위에는 장3도가 또 어떤 음 위에서 단 3도가 쌓아 올려진다. 3도는 메이저와 마이너 코드를 결정짓는 데 있어서 아주 중요한 도수이기에 연주를 해 보면서 어떤 느낌인지 살펴보도록 하자.

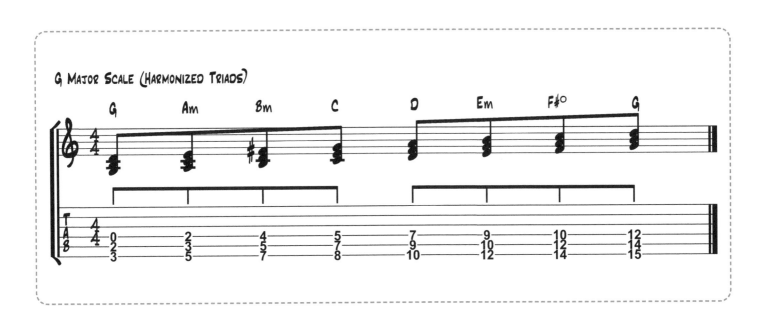

이제는 각 코드 위에 완전5도를 쌓아 올려 완전체의 코드 소리를 연주해 보자. 완전체라고 말한 이유는 적어도 최소 3개의 음 이상 쌓아야만 비로소 코드로서의 의미를 지니게 되기 때문이다. 즉 코드의 최소 단위는 3화음(triads) 코드이다.

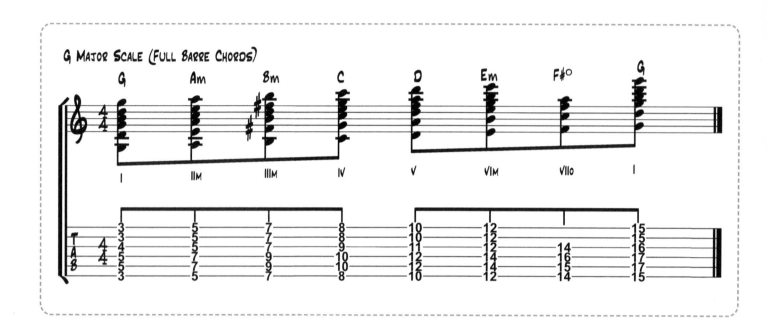

이제 이 3화음을 재배열하여 바레 코드로 메이저 스케일의 코드들을 연주해 보자. 로마 숫자로 각 코드들의 도수를 나타내었으며 'VIIo'의 원형 기호는 디미니시드 코드를 나타내는 기호이니 참고하자.

20-2 예제 곡 연습(Kashmir - Led Zeppelin)

KASHMIR
LED ZEPPELIN

레슨 21일 차

21-1 ## 부분적인 코드 형태(Partial Chord Shapes)

이번에 배울 코드는 바레 코드 모양에서 일부분을 이용하여 만들어진 코드 형태이다. 저번 챕터에서도 설명하였듯이 코드를 구성하는 최소 3가지 구성음인 근음, 3도, 5도 음이 존재해야 3화음 코드가 완성되니 다시 한번 외워 두길 바란다. 아래 1, 2, 3번 줄 폼을 익힌 후 다른 줄 폼으로 넘어가 보자.

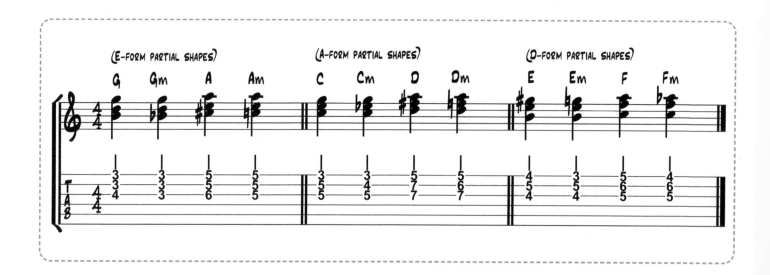

Partial D Major Chords

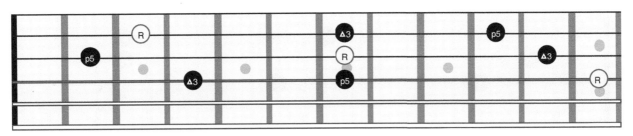

(123 Strings)

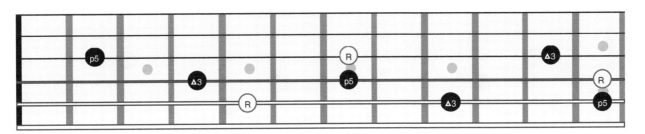

(234 Strings)

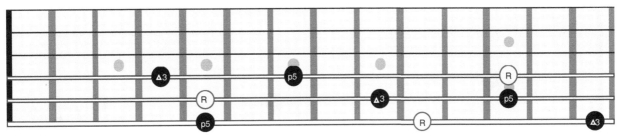

(345 Strings)

(456 Strings)

Partial D Minor Chords

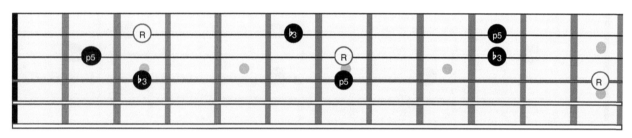

(123 Strings)

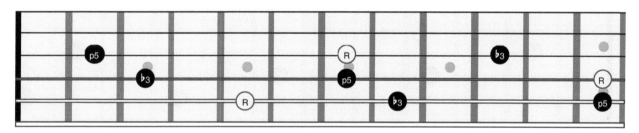

(234 Strings)

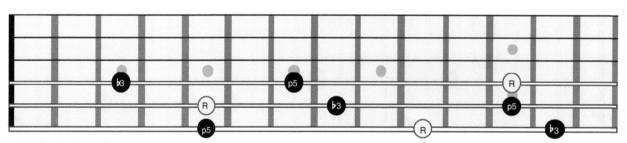

(345 Strings)

(456 Strings)

21-2 팜 뮤팅 페달 리프(Palm-Muted Pedal-Tone Riffing)

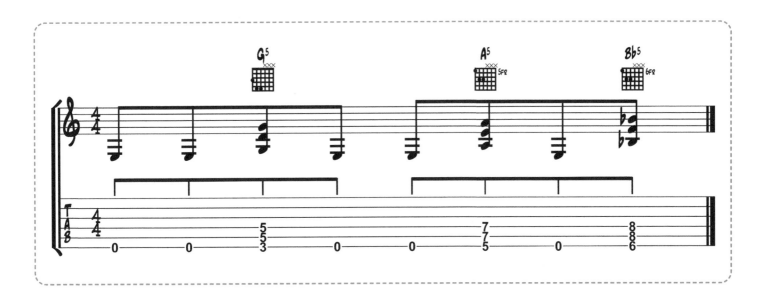

헤비메탈의 상징적인 부분 중 하나는 팜 뮤팅한 페달 톤이 끊임없이 연주되는 사이사이 코드들이 들리는 것이다.
페달 톤이란, 코드들 사이에 지속적, 반복적으로 연주되는 베이스 음을 뜻한다. 긴장감을 더해 주기도 하고 약간의 부조화를 통해 음악적 흥미를 만들어 내기도 한다. 너무 자주 사용하거나 불필요한 화성 진행에서 연주 시엔 불협화음을 만들어 내기 때문에 화성 진행에 맞춰 사용해야 한다.

21-3 E 마이너 블루스 스케일 3 옥타브(Three Octaves of E Minor Blues Scales)

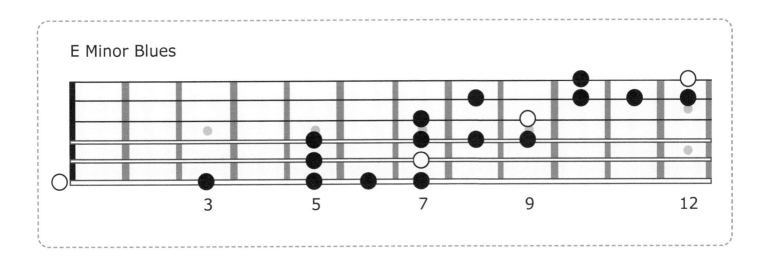

위에 예제는 E 마이너 블루스 스케일 3옥타브를 나타내고 있다. 포지션을 익힌 후 3옥타브까지 끊기지 않고 연결하여 연주할 수 있도록 연습해 놓기를 바란다. 다음 예제를 참고하여 핑거링을 익혀 보자.

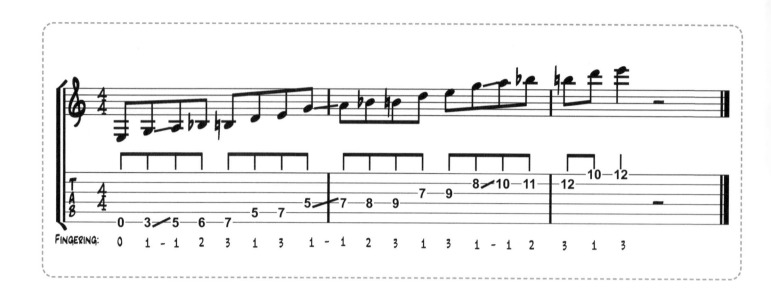

Fingering: 0   1 - 1   2   3   1   3   1 - 1   2   3   1   3   1 - 1   2   3   1   3

21-4   예제 곡 연습(Let The Hammer Fall - Hammerfall)

LET THE HAMMER FALL
HAMMERFALL

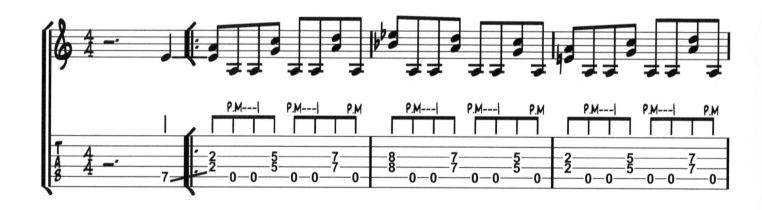

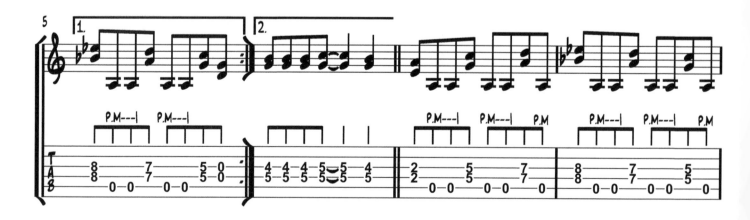

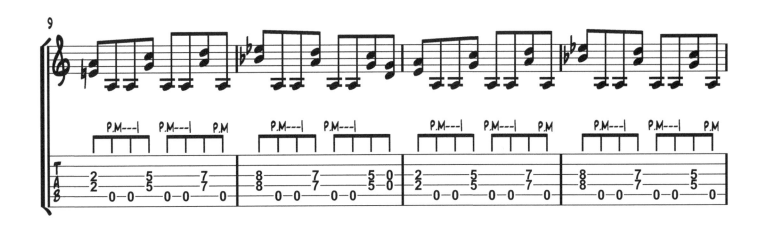

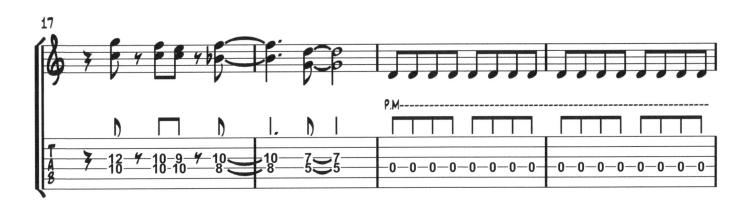

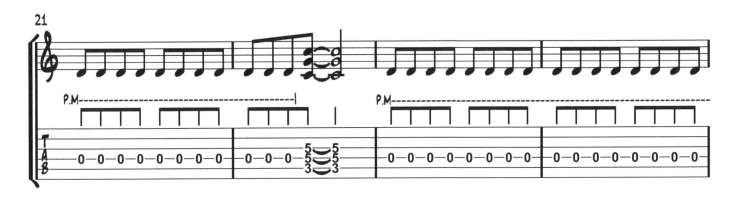

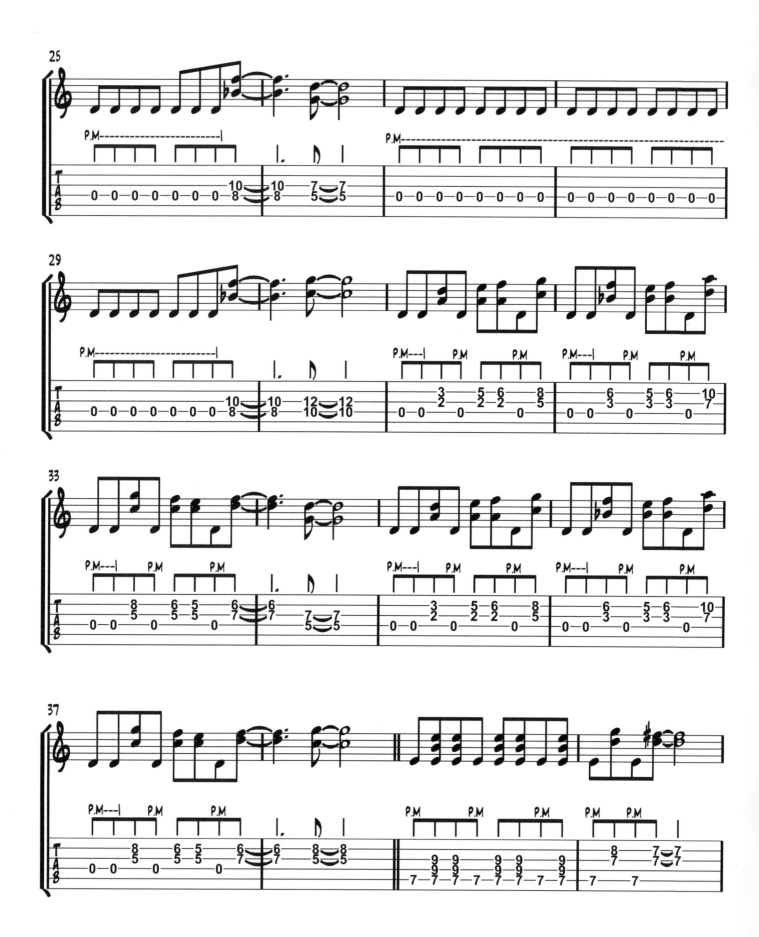

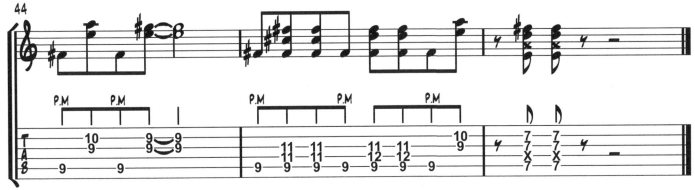

레슨 22일 차

22-1 마이너 스케일의 화음(Harmonizing the Minor Scale)

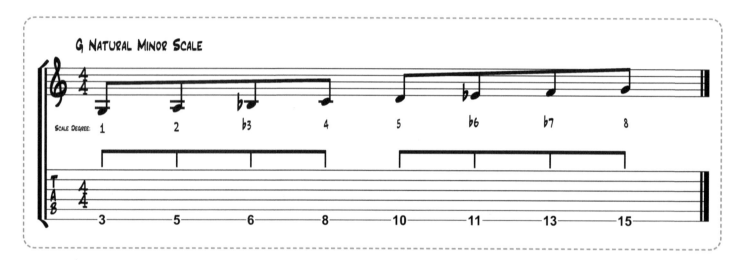

단음계 화음은 메이저 스케일 화음을 쌓는 방식과 다르진 않으나 결과적으로 나오는 코드들은 다르다. 아래의 자연 단음계(natural minor scale) 스케일 도수를 먼저 살펴보자.

C = 1도 (Tonic)	C – G: 완전5도 (Perfect 5th)
C – D: 장2도 (Major 2nd)	C – Ab: 단6도 (Minor 6th)
C – Eb: 단3도 (Minor 3rd)	C – Bb: 단7도 (Minor 7th)
C – F: 완전4도 (Perfect 4th)	C – C: 완전8도 (Perfect 8th)

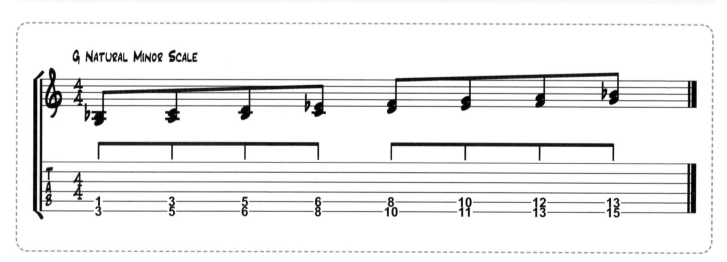

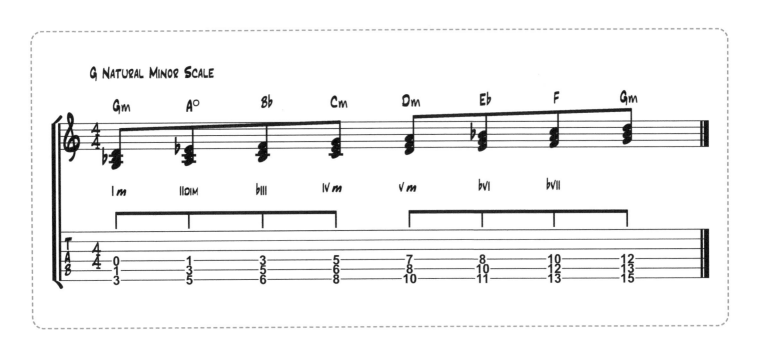

단음계에는 크게 **3가지 스케일**이 존재하는데 이는 아래와 같다.

1. Natural Minor Scale (자연 단음계)
2. Harmonic Minor Scale (화성 단음계)
3. Melodic Minor Scale (가락 단음계)

자연 단음계는 기본적으로 메이저 스케일에서 6번째 음부터 순서대로 연주하게 되면 나오는 스케일로 메이저 스케일의 구성음과 똑같다고 볼 수 있다. 흥미로운 것은 같은 구성음을 이용하여 만들어진 스케일이지만 그 시작음이 다른 것만으로 전혀 다른 소리의 스케일이 나온다는 점이다. 이렇게 구성음이 같은 조를 관계조(relative keys)라고 부른다.

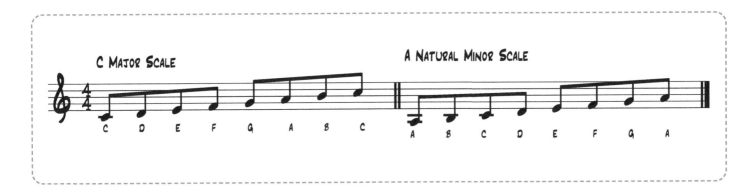

반대로 C 메이저 스케일과 C 마이너 스케일과 같이 으뜸음이 같은 메이저, 마이너 스케일은 나란한 조(parallel keys)라고 한다.

FIGHTING THE WORLD
MANOWAR

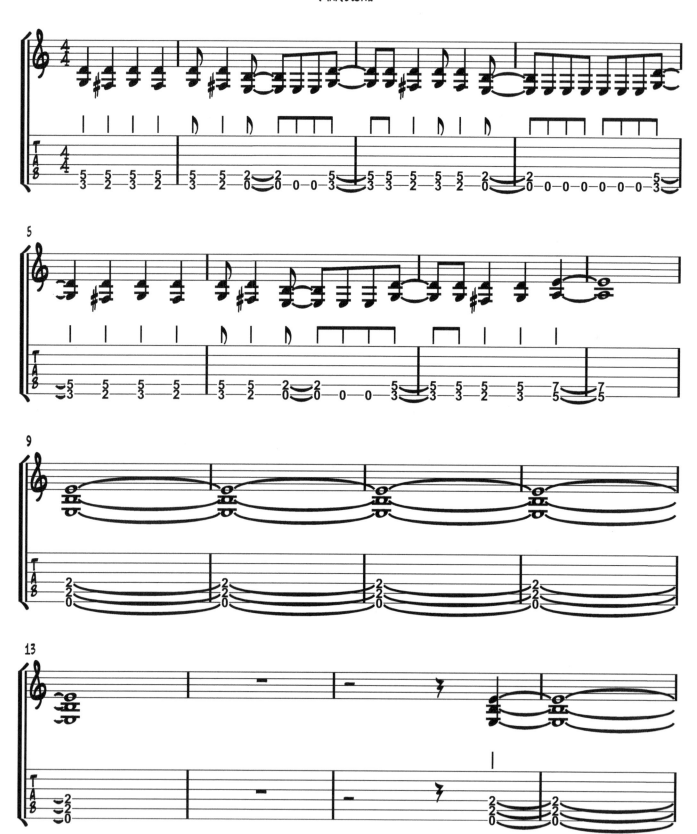

103

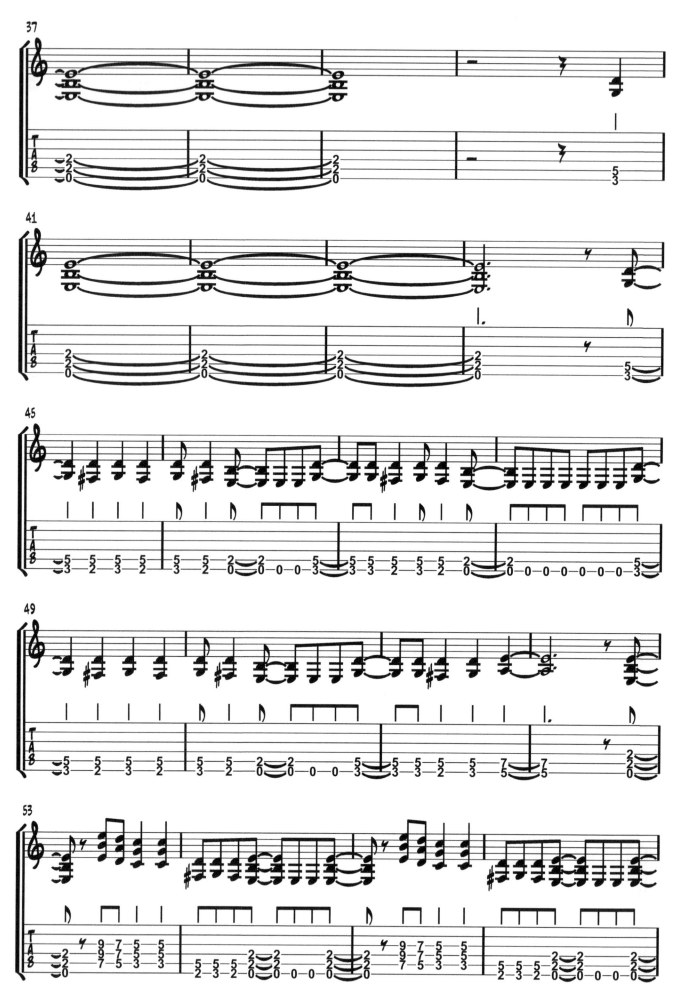

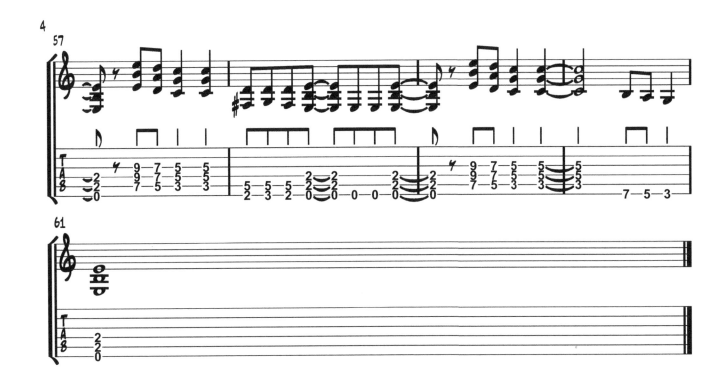

레슨 23일 차

23-1 화성 단음계(Harmonic Minor Scale)

단음계는 메이저 스케일과 달리 3개의 스케일로 구분되어 있다. 화성 단음계는 자연 단음계와 한 음이 다른데 자연 단음계의 단7도를 반음 올려 장7도로 만든 것이 화성 단음계이다. 7도를 반음 올려 자연 단음계에는 없는 7도가 1도로 이끄는 '이끎음(leading-tone)'을 만들어 메이저 스케일의 '시→도'처럼 토닉으로의 해결감을 주기 위함이다.

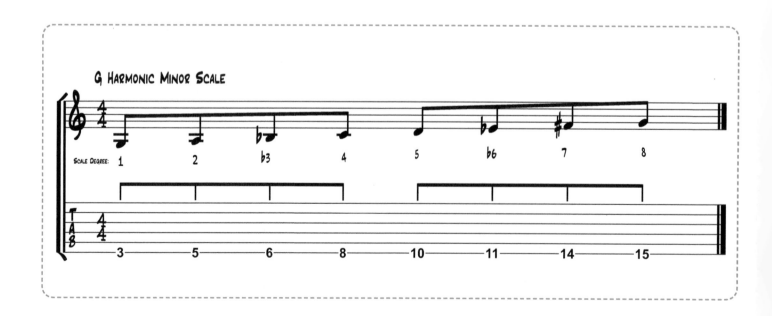

23-2 가락 단음계(Melodic Minor Scale)

화성 단음계를 보니 이끎음이 있어 해결감 있는 스케일이 완성된 점은 좋은데 6음과 7음 사이가 너무 넓어졌다는 문제가 있다. 이를 해결하고자 만들어진 스케일이 가락 단음계이다. 하지만 단점도 존재하는데 이는 넓어진 6도의 간격을 좁히고자 6도를 다시 반음 올렸더니 3도 말고는 메이저 스케일과 똑같아 마이너 스케일의 정체성이 다소 모호해졌다는 점이다. 그래서 이를 해결하기 위해 스케일 연주 상행 시엔 가락 단음계, 하행 시엔 이끎음의 역할이 필요치 않으므로 자연단음계를 사용하기도 하지만 락, 재즈, 또는 실용음악에선 가락 단음계만 사용하여 상행과 하행 모두 연주하니 참고하자.

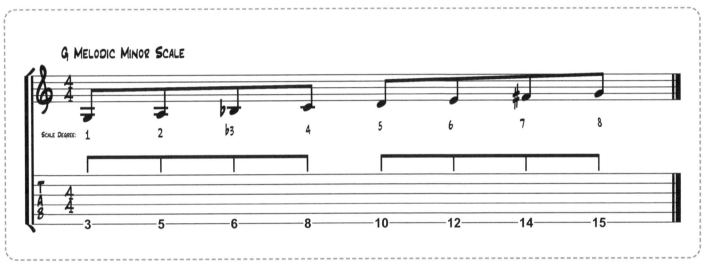

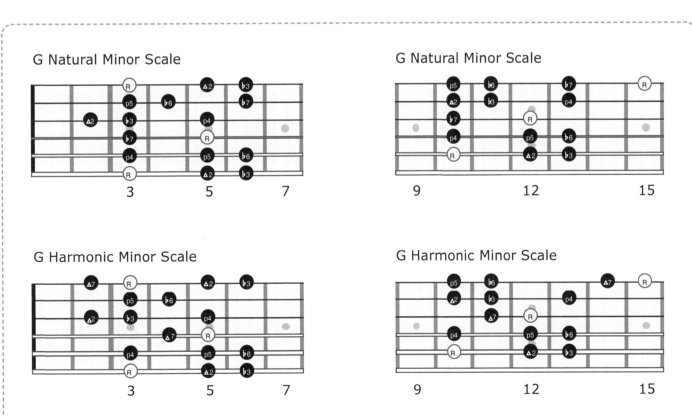

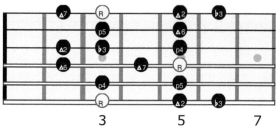

G Melodic Minor Scale

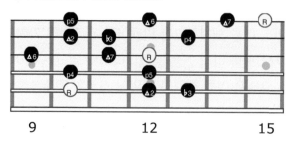

G Melodic Minor Scale

23-3 하모닉스(Harmonics)

하모닉스란 특수한 주법 중 하나로서 일반적인 피킹과는 다르게 프렛의 특정 지점에 손가락을 대고 피킹을 한 다음 바로 손가락을 떼어 그 사이 나오는 배음을 이용하여 기타 프렛에서는 나올 수 없는 몇 옥타브 위의 소리를 만들어 내는 주법을 말한다. 일반 주법의 음과는 다르게 투명하고 높은 음이 울리는 소리이니 직접 들어 본다면 쉽게 파악할 수 있을 것이다. 악보에 표기할 땐 음표 위에 ○표를 적거나, 음표를 ◇표로 표기한다.

자연적 하모닉스(Natural Harmonics)

- 5번, 7번, 12번 프렛의 위치에서 개방현을 이용한 하모닉스.

기교적 하모닉스(Artificial Harmonics) - 세 종류가 있으며, 악보에는 'A.H.'로 표기한다.

- 피킹 하모닉스: 피킹과 동시에 오른손 엄지를 줄에 살짝 대어 하모닉스를 얻는 주법.
- 인공 하모닉스: 내추럴 하모닉스의 원리를 이용하여 모든 포지션에서 하모닉스를 얻는 방법이다. 예를 들면 3번 프렛 위치의 코드를 잡고 한 옥타브 위의 15프렛을 하모닉스 포인트로 두고 피킹하는 손가락 하나를 줄에 살짝 대고 다른 손가락을 이용하여 줄을 튕겨 하모닉스를 만드는 방법.
- 태핑 하모닉스: 줄을 누르는 위치와 새들의 정수 분의 1 포인트를 태핑함으로써 하모닉스를 내는 방법.

STILL OF THE NIGHT
WHITESNAKE

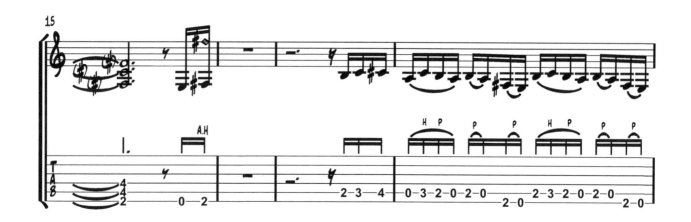

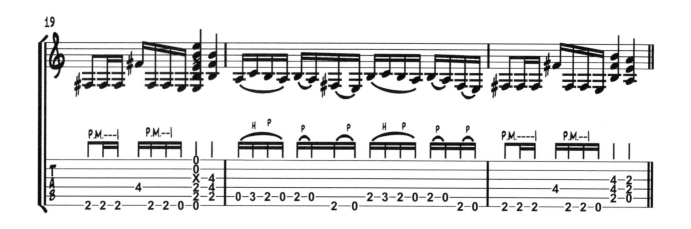

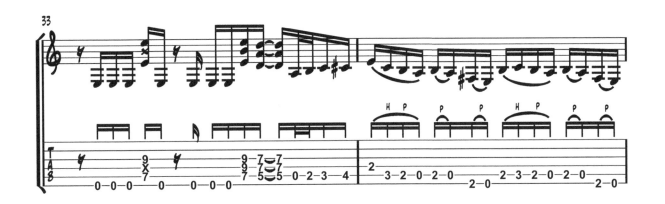

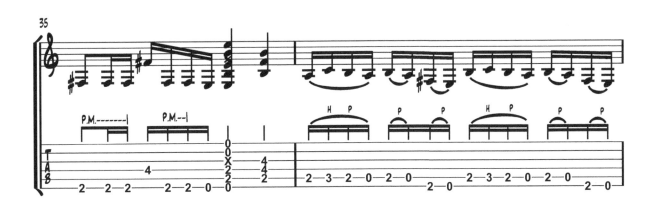

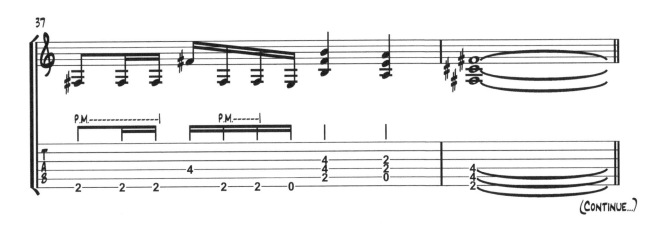

(CONTINUE...)

레슨 24일 차

24-1 달 세뇨, 다 카포, 코다(Dal Segno, Da capo, and Coda)

달 세뇨(Dal Segno)는 D.S.라고 표기되며 'From the sign'이라는 의미로 𝄋 이 표기가 그려진 곳으로 이동하여 악보의 나머지 부분을 계속 연주해 나가면 된다.

다 카포(Da Capo)는 D.C.라고 표기되며 'From the beginning'이라는 의미로 악보의 맨 처음으로 이동하여 계속 연주한다.

달 세뇨 알 코다(D.S. al Coda) 는 𝄋 가 표기가 된 곳으로 점프 이동하여 연주하다 𝄌 표기가 보일 시 또 다른 𝄌 로 이동하여 나머지 부분을 마저 연주하라는 뜻이다.

다 카포 알 코다(D.C. al Coda)는 맨 처음으로 이동한 후 𝄌 표기가 보일 시 또 다른 𝄌 로 이동하여 마저 연주하라는 뜻이다.

BLUE IN G

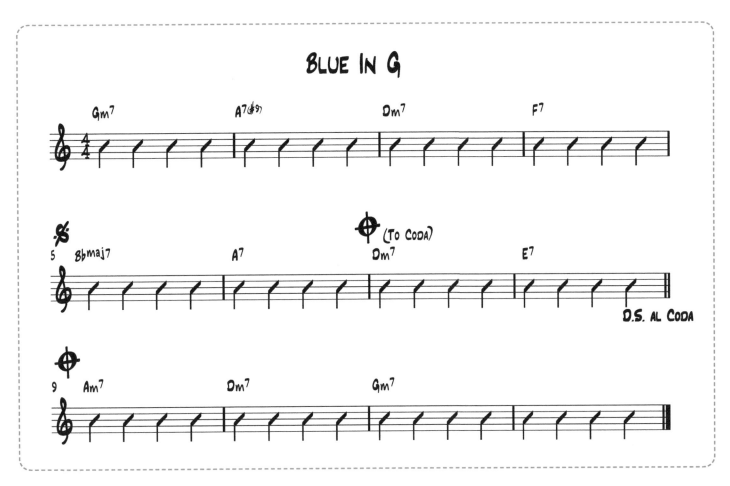

위의 예제를 보면서 순서를 설명해 보면 처음부터 연주를 시작하여 8마디 'D.S. al Coda'까지 연주하고 𝄋 표기가 있는 5번째 마디로 이동 후 6번째 마디의 A7 코드 연주를 끝내자마자 9번째 마디인 ⊕ 표기가 있는 Am7 코드로 점프하여 나머지 악보의 연주를 마무리 지으면 되겠다.

24-2 예제 곡 연습(Master of Puppets - Metallica)

MASTER OF PUPPETS
METALLICA

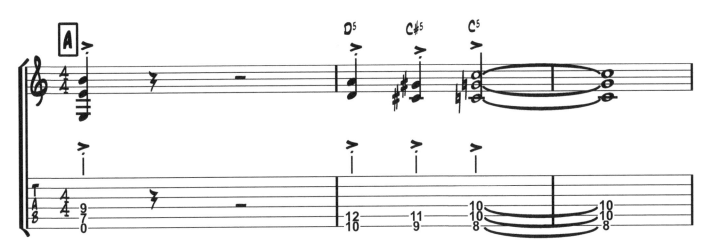

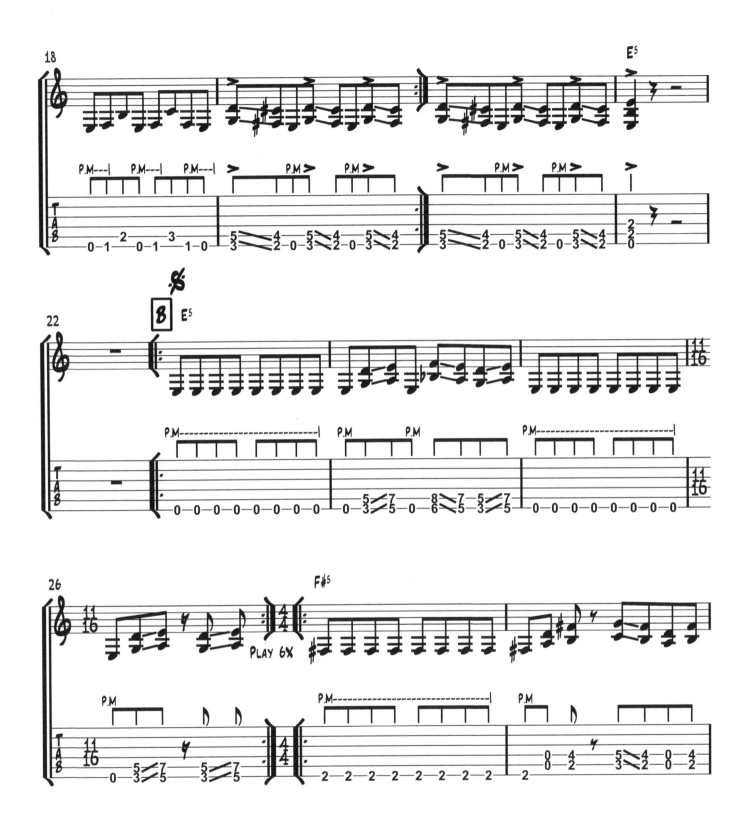

115

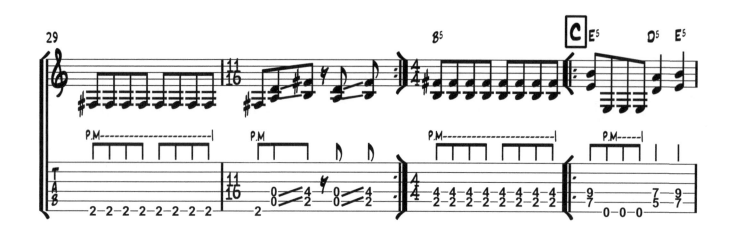

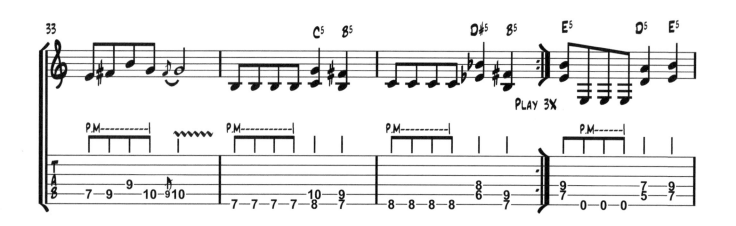

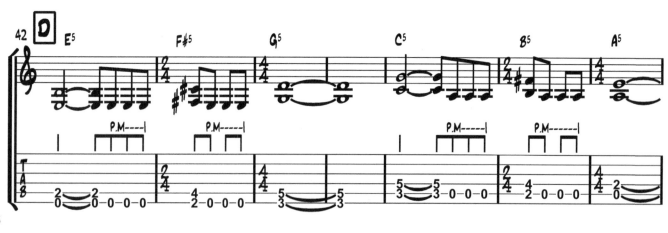

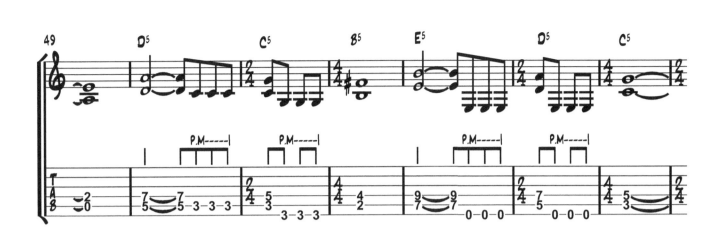

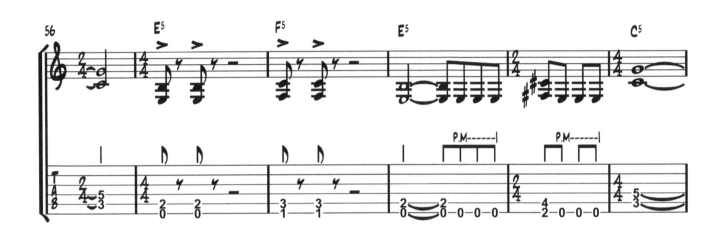

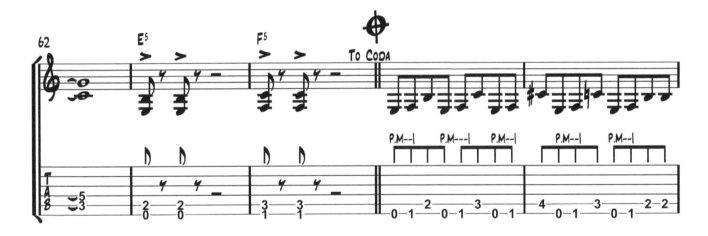

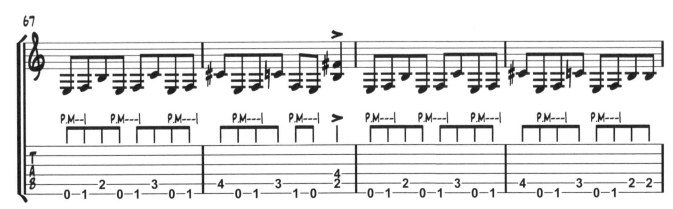

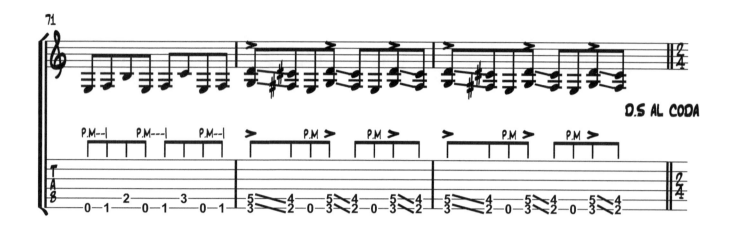

D.S AL CODA

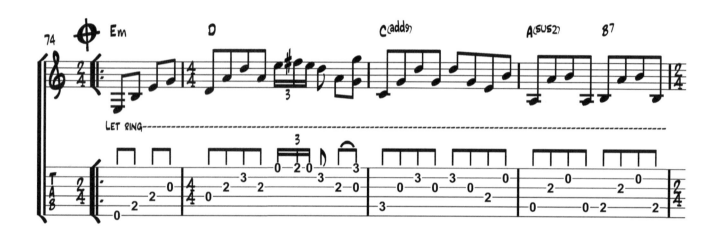

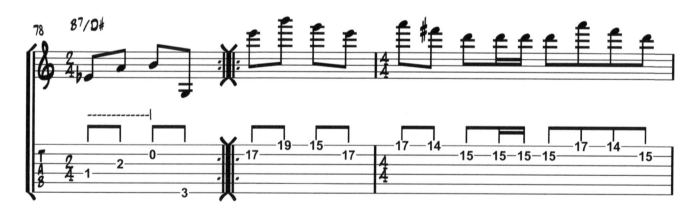

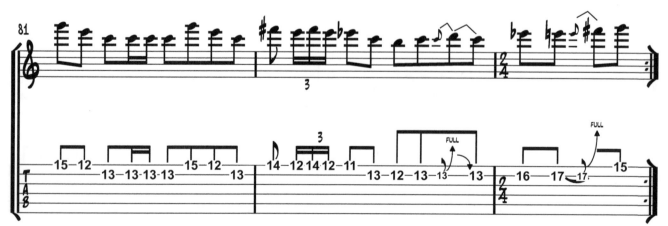

빠른 곡 연습 시엔 항상 먼저 느린 템포에 맞춰
정확하게 연습 후에 점점 속도를 높여서 연습..!

25-1 다운 튜닝, 드롭 튜닝(Down-tuning, Drop Tuning)

가장 흔히 사용하는 기타의 **표준 튜닝(standard tuning)**은 6번 줄부터 순서대로 'E A D G B E', 즉 E 표준 튜닝이다. 그리고 간혹 필요에 따라 음을 더 내려 변칙적인 튜닝을 하기도 한다. 음을 낮춰 튜닝하는 것을 '다운 튜닝'이라 부르며, 특히 모든 줄을 반음씩 내리는 튜닝을 **하프 스텝 다운 튜닝(half-step down tuning)**이라 한다. 드롭 튜닝은 표준 튜닝에서 가장 낮은 음만 한 음 또는 반음 내리는 튜닝을 가리킨다. 튜닝에 관련해 더 알아둘 점은 E 표준 튜닝 외에도 가장 낮은 음을 기준으로 E♭ 표준 튜닝, D 표준 튜닝, D♭ 표준 튜닝, C 표준 튜닝 등 여러 표준 튜닝이 있다는 것이다.

Drop A 튜닝은 락, 메탈 등에 주로 쓰이며 Muse, Slipknot, Korn 등 많은 밴드가 사용하는 튜닝법 중 하나이다.

Drop A	A (6번줄)	D (3번줄)
	E (5번줄)	F# (2번줄)
	A (4 번줄)	B (1번줄)

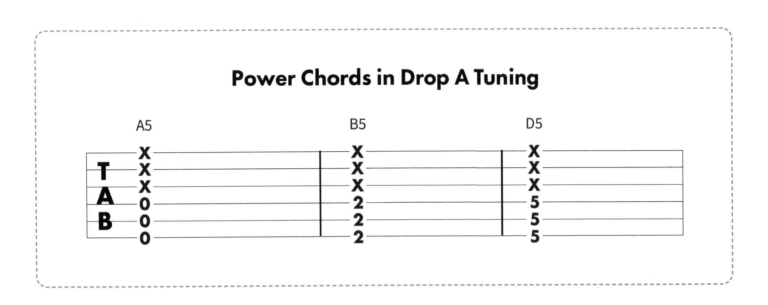

Power Chords in Drop A Tuning

Drop D 튜닝이란 표준 튜닝에서 6번 줄을 한 음 내려 D 음으로 조율한 것을 말하며, 역시 락이나 메탈 등에 주로 사용한다. 6번 줄을 D 음으로 낮추게 되면서 표준 튜닝보다 D key에서 중후한 베이스 음을 연주할 수 있어 메탈 장르에 유용한 튜닝이며 팝에서도 간간이 사용되는 튜닝으로 보컬 반주 시 더 넓은 레인지를 커버할 수 있다. 특정 리프나 파워 코드 연주에 있어서도 강점이 있다. Nirvana, Foo Fighter, Van Halen 등 여러 아티스트가 사용한 튜닝법 중 하나이다.

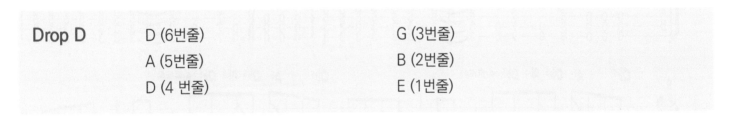

Drop D	D (6번줄)	G (3번줄)
	A (5번줄)	B (2번줄)
	D (4 번줄)	E (1번줄)

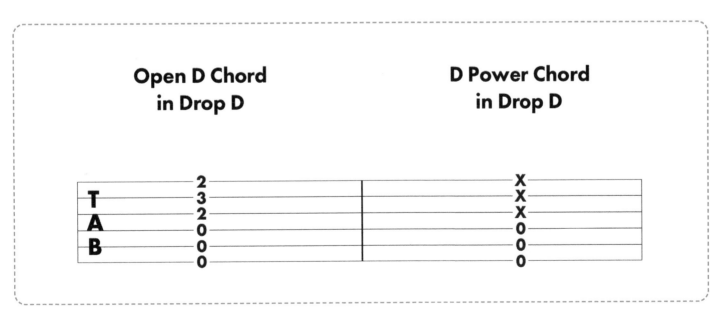

예제 곡 연습(Papercut - Linkin Park)

PAPERCUT
LINKIN PARK

HALF STEP DOWN TUNING
- ONLY WHOLE STEP DOWN ON 6TH STRING

(Db Ab Db Gb Bb Eb)

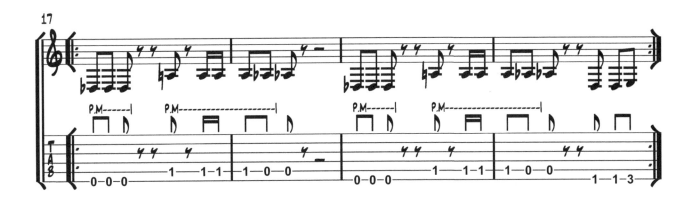

To Coda ⊕

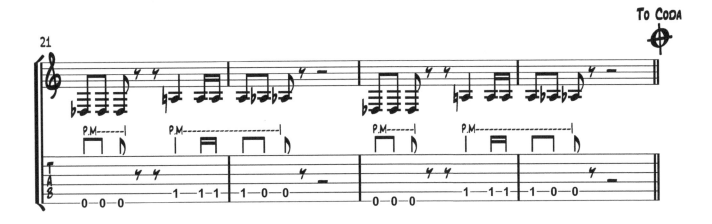

B

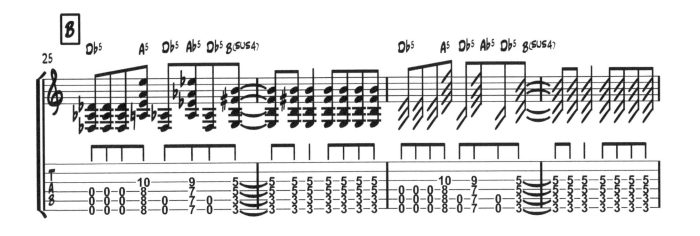

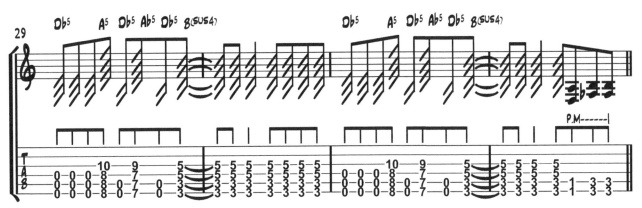

D.S al Coda

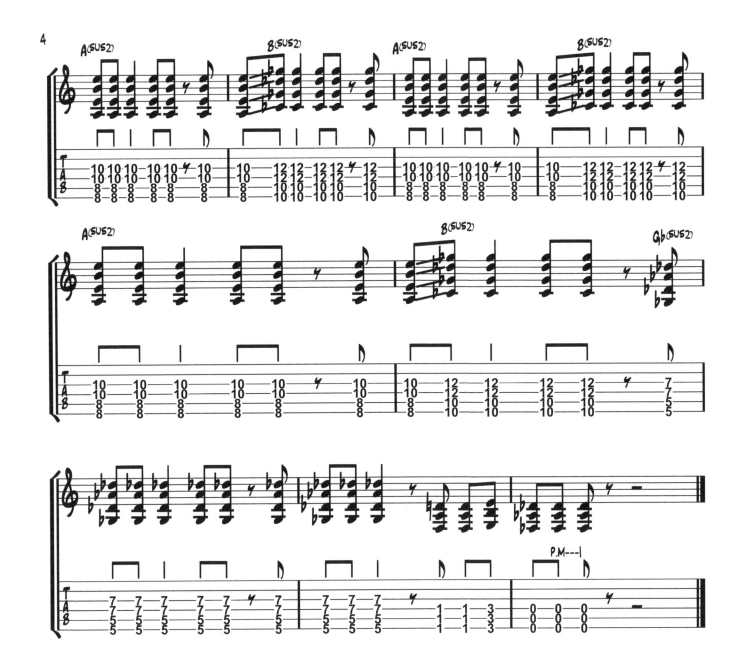

레슨 26일 차

25-1 오픈 G 튜닝, 오픈 D 튜닝, 오픈 C 튜닝
(Open G Tuning, Open D Tuning, Open C Tuning)

Open G 튜닝은 블루스나 포크(Folk) 또는 클래식 락(Classic Rock) 장르에서 주로 사용되는 튜닝법으로 Joni Mitchell 이나 블루스 아티스트인 Robert Johnson, Muddy Water 그리고 Led Zeppelin, Rolling Stones 등도 사용한 튜닝 법이며 Open D, Open C 튜닝 역시 포크송 장르에서 간간이 쓰이는 튜닝법이니 참고하자.

Open G		Open D		Open C	
	D (6번 줄)		D (6번 줄)		C (6번 줄)
	G (5번 줄)		A (5번 줄)		G (5번 줄)
	D (4번 줄)		D (4번 줄)		C (4번 줄)
	G (3번 줄)		F# (3번 줄)		G (3번 줄)
	B (2번 줄)		A (2번 줄)		C (2번 줄)
	D (1번 줄)		D (1번 줄)		E (1번 줄)

예제 곡 연습(Brown Sugar - The Rolling Stones)

BROWN SUGAR
THE ROLLING STONES

OPEN G TUNING: D G D G B D

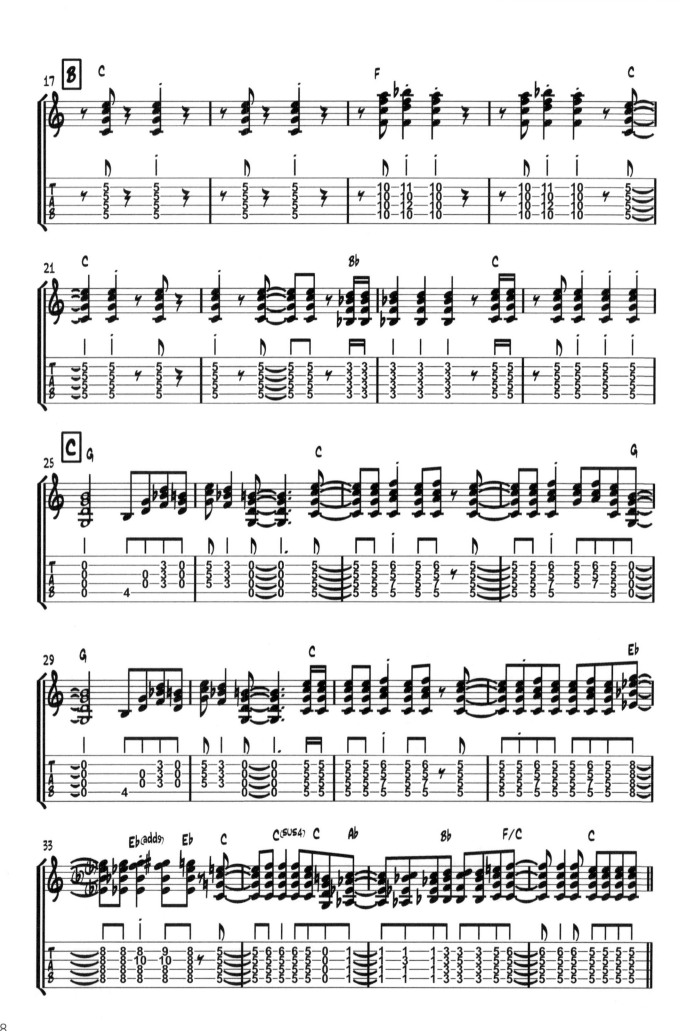

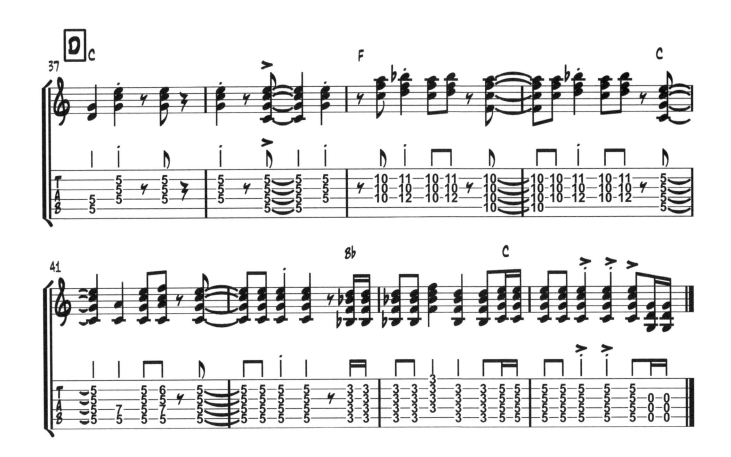

저자 약력

조 혜 진

- Musicians Institute GIT 졸업
- Berklee College of Music 졸업
- University of Southern California 휴학
- 다수의 예술 고등학교 및 대학 출강 중

초판 발행일 2024년 12월 30일

편저 조혜진
발행인 최우진
편집·디자인 편집부

발행처 그래서음악(somusic)
출판등록 2020년 6월 11일 제 2020-000060호
주소 (본사) 경기도 성남시 분당구 정자일로 177
　　　(연구소) 서울시 서초구 방배4동 1426
전화 031-623-5231 **팩스** 031-990-6970
이메일 book@somusic.co.kr

ISBN 979-11-93978-57-3 (13670)